司

あなたの中の異常心理

GS
幻冬舎新書
244

はじめに——あなたの影があなたを操る

誰もが異常心理を抱えている

人間は、二面性を抱えた生き物である。誰でも影の部分をもっている。正しいことをしたい気持ちがあれば、それとは裏腹に、悪いことをしたい衝動も潜《ひそ》んでいる。それが人間である。その二面性を無視して、正しいことや善いことだけを求めると、おかしなことが起きてしまう。

なぜ社会的地位もある人が、少女のスカートの中を覗《のぞ》いて捕まるのか。有名人が万引きや覚醒剤で逮捕されるのか。普通の母親がわが子を虐待死させてしまうのか。

こうした事件は、決して特別な人にだけ起きる特別な事件ではない。多くの人が、似たような危うさを、自分の中に抱えているのだ。

異常な心理状態に陥って、実際に他人を傷つけたり、自分を傷つけてしまう人に、私は長年精神科医として、大勢出会ってきた。そうした人たちの中には、幼い頃から愛情よりも暴力や無慈悲にさらされ続けて、異常な心理や行動を身につけてしまった人もいたが、その一方で、正しさや善を求められ過ぎて、正反対の偏りを生じてしまった人もいた。

人間のもつ本来的な二面性を理解せずに、無理に正しさだけを求めると、まるで逆のことが起きる場合も、しばしばである。二面性をありのままに受け止められたとき、むしろ二面性はやわらぎ、悪を求める心は力を失っていく。

大抵の人は、自分は正常だと思って暮らしている。自分の中にそうした二面性を飼っていることを忘れているときもあるだろう。だが、ふと自分のそうした影の部分に気づく瞬間もあるに違いない。影の部分にまるで気づかずに、自分に正しいことや善いことだけを課し続けると思いもかけないトラブルに見舞われかねない。

本書の目的の一つは、誰にでも潜んでいるかもしれない影の部分を、悪いこと、異常なこととしてではなく、人間の本質に根ざした一面として知っていただくことである。それは、悪や異常さというものに対する見方を少し変えるだろう。そして、自分自身の中に潜む異常心理を自覚しておくことは、大きな破綻からあなたを守る安全装置となるのである。

「異常心理」イコール「精神障害」ではない

異常心理についてこれまで書かれたものは、明白な異常性をもった状態にばかり注目してきたように思える。異常心理と銘打たれたタイトルの本を手に取ってみれば、その中身は、そっくりそのまま精神疾患の病名の羅列とその解説になっているということが多い。

これでは異常心理というよりも、精神科症状学や精神科診断学といった方が正確だろう。実際、例外なく、名だたる異常精神医学の教科書の中身は、精神医学の教科書そのままである。つまり、異常心理というものと精神障害を同一視しているのである。これは言い換えれば、異常心理というものは精神障害にだけみられるものであり、逆に言うと、異常心理がみられれば、それは精神障害であるという前提に立っていることを表している。

しかし、この前提は、かなり無理があるように思える。異常心理は何も精神障害に伴ってだけに認められるものではないし、精神障害は、異常心理によって特徴づけられるものとは限らない。まったく健常な人が、ある瞬間、「異常心理」にとらわれ、常識的には理解しにくい行動をするということは、いくらでもある。また、精神障害では、「異常心理」とは無関係に、さまざまな症状や困難が生じる。

異常な症状とされるものにしても、それが認められれば、すぐさま精神障害であると言えるような症状は、ほとんど存在しない。どういう症状であれ、状況次第で一時的に健康な人にでも出現し得るのである。ましてや異常心理となれば、正常と異常の境目を論じることさえ、あまり意味がないほどだ。両者の違いは、程度や頻度の差でしかないのだ。

むしろ異常心理の興味深い点は、正常の人にもみられるようなものが、極めて異常な状態にそのまま連続しているということである。正常と異常の区別に意味があるのではなくて、むしろ両者の連続性に意味があるのである。

つまり、異常と正常の境目をつなぐような心理状態について知り、それを理解することが、極めて異常な心理状態を理解することにもつながるし、ごく平凡な日常でもしばしば出会う、ちょっと理解しがたい不可解な行動の意味を理解するのにも役立つのである。

本書では誰にでも出現し得る、正常心理と明らかな異常心理の境目の状態に特にスポットを当てたいと思う。それは誰にでもみられる正常心理と隣り合ったものであり、それが少し度を越すことで、異常心理の領域へと足を踏み入れていくということを理解してもらえたらと思っている。そして、あなたは、それが決して特別な人の心に潜むものではなく、あなた自身の中にもある心の状態だということを納得されるだろう。

異常心理が教えてくれる真実

本論でみていくように、多くの異常心理の萌芽は幼い段階にあり、多くの人は、そうした傾向が多少あっても、それを成長とともに克服していく。

ところが、人によっては、それを引きずり続け、逆に極端さを募らせることによって、常識を超えた異常心理に行きついてしまうこともある。

しかし、「普通」の人間だと自分のことを思っているわれわれも、強いストレスや葛藤状況におかれると、克服したはずの未熟な心理状態に逆戻りし、バランスを失って、極端な方向に走り始めてしまうということがある。そうしたことが起きる場合も、その人が幼い頃や子どもの頃に、どれくらい安定した環境で育ったかということが、少なからず影響する。努力によって、学業や仕事で成果を上げ、すっかり過去の心の傷を克服したように見える場合でも、強いストレスがかかると、昔受けた外傷的体験が再現し、不安定さを露呈するということが少なからず起きるのである。

その意味で、人格の基礎を形づくる幼い時期から子ども時代にかけての体験は、極めて重要だと言える。この部分がしっかり安定していると、異常心理に陥り、破壊的な行動や自分を損なう行動に走るということは起きにくいのである。

さまざまな異常心理の形を見ていく中で、そこに共通する要素やメカニズムが浮かび上がってくるだろう。異常心理は、人間が生きていくのに不可欠なものは何かを教えてくれるとも言える。それが脅《おびや》かされ、奪われるとき、その不足を代償しようと、まさに命を賭《と》した攻防が繰り広げられ、その瀬戸際の駆け引きが、常識を超えた「異常心理」として展開されるのである。

それゆえ、異常心理を知ることは、単に異常心理を理解し、その対処を知るということにとどまらず、むしろ正常心理が、限界を超えて異常な領域に踏み入らないためには、何が大切かを学ぶことにもつながっていく。異常心理から、自分を見失うことなく本当の意味で幸福に生きていくためには、何が必要なのかということについても考えていきたい。

あなたの中の異常心理／目次

第三章　「敵」を作り出す心のメカニズム　100

第四章 正反対の気持ちがあなたを翻弄する

第七章 罪悪感と自己否定の奈落 218

第一章　本当は怖い完璧主義

完璧主義は異常心理の入口

身近でみられる心理状態で、正常心理としても認められ、また、極めつけの異常心理にも通じるのが、完璧主義や潔癖症といった完全性や秩序に対する強迫的なこだわりである。

完璧主義は、あらかじめ期待していたことを、その通りに行わないと、すべてが台無しになったような失望や苦痛を感じる心理的なとらわれだと言える。

完璧主義は、うまく機能しているときには、優れた向上心や高いパフォーマンスの原動力となり、実際、完璧主義の持ち主は、学業においても、職業や家事、子育てといったことにおいても、すばらしい成果を収めているケースが多い。

学校時代においては、ミスなく完璧な答案を作って、百点をもらうということに特別な関心をもてなければ、優秀な成績はとれない。作品を作るにしろ、演奏や運動競技を行うにしろ、非の打ちどころのないものを目指すのでなければ、高い完成度や他者の追随を許さないような技術的達成を成し遂げることはできない。そのために求められるたゆまない努力や意欲を保つためには、完璧であることに対するこだわりが必要なのである。

それゆえ完璧主義は、親や教師の言いつけに忠実なよい子や優等生だった人にみられることが多い。努力家であり、完璧であろうとする努力によって、それなりの成功体験を積んでいる。完璧を追求することで、これまでは報われてきたから、そのスタイルが強化されてきたとも言えるだろう。

しかし、完璧主義は両刃《もろは》の剣《つるぎ》であり、完璧主義が達成されている間はよい成果を生み出す力となるが、その達成が困難な状況に置かれると、強い病理性が発現することもある。完璧を求めることが難しい状況においても、完璧でありたいという思いを捨てることができないと、不完全で期待外れの状況にいることが、完璧主義でない人以上に強いストレスを生んでしまうのだ。どうにもならないことを、どうにかしようと、空回りを続けることもある。努力して完璧であらねばならないという信念が、今度はその人を苦しめるのである。

ことに、仕事や対人関係、恋愛や子育てといった、本人の努力だけではどうにもならない要素を含む問題になると、壁にぶつかりやすい。完璧でありたいという願望は周囲を思い通りに支配し、コントロールしようとする傾向にもつながるが、意のままにならぬ状況に遭遇することも多く、強いフラストレーションを抱えることになる。

完璧主義が、さまざまな精神障害の病前性格として見出されるのは、そのためである。うつ病、摂食障害、不安障害、境界性パーソナリティ障害、アルコール依存症、心身症といった精神疾患だけでなく、虐待や仕事中毒、夫婦関係や対人関係の破綻、さまざまな嗜癖《しへき》行為、さらには自殺といった問題行動の背景にも見出されることが多い。完璧主義自体が生み出すストレスだけでなく、完璧主義を満たせないことによるストレスも、症状や問題行動の形成にかかわっている。

妥協や曖昧さを受け入れられない

完璧であろうとする願望はしばしば、あることを完璧に達成するということを超えて、もっと大きな価値観やライフスタイルと結びついていることが多い。

その一つは、秩序や道徳を重んじることとして表れる。部屋や自分の持ち物を完璧に整理し、秩序を保とうとすることから、生活のルールをきちんと保ち、細部に至るまで管理し、決まりや約束を守ることまで、何事も手を抜かず、いい加減さを嫌う。これらは優れた美質であり、家庭生活においても、職業生活においても、それがうまく生かされると、快適な生活をクリエイトしたり、優れたマネージメントを行ったりすることにもつながる。

だが、それは少し行き過ぎると、妥協が苦手であったり、融通が利かなかったり、曖昧さを受け入れる許容量の乏しさとなったりして、無用の軋轢《あつれき》やストレスを生むことにもなる。子どもがテーブルを汚したり、夫が靴下を脱ぎっぱなしにしているのを見るだけで、ひどく汚らわしく苦痛に感じるという場合もある。

自分のやり方しか認められず、それと少しでも違うことをされると、我慢できないという人もいる。そうした人の場合、すべて自分でやらないと気が済まないということにもなり、何にでも口を挟み、その結果、周囲の者はのびのびと自分の裁量で動くことができず、息苦しく感じ、やる気を削がれてしまう。

相手の間違いや欠点に対しても、許容する余地が乏しく、一度だけの過ちや不当な行動も許せないと感じると、関係を絶ってしまう。他人に対してだけでなく、自分に対しても同様である。

三島由紀夫の完璧主義

作家の三島由紀夫が強い完璧主義者であったことは、一語一句ゆるがせにしないその完璧なまでの文体と、極めて完成度の高い作品からもうかがうことができる。実際、その性格やライフスタイルにも完璧主義が染み透っていたことが知られている。

三島は約束事を重んじることでも有名だった。どんなに仕事が立て込んでいても、締め切りを守らなかったことは一度もなかった。時間にも厳格で、自分自身、遅刻することもなかったが、誰かが遅れてきたときには、十五分以上待つこともなかったという。

三島がまだ独身だったとき、交際していた女性が食事の約束に遅れてしまった。すると、「食事をゆっくり召し上がってください」というメッセージだけが残され、しかも食事代は支払ってあったという。そこには約束を守らない人に対する蔑《さげす》みと、アイロニカルな仕打ちが見て取れるだろう。

作曲家の黛敏郎とオペラの仕事をしたとき、黛の作曲が締め切りに間に合わず、黛は詫びを入れ、上演時期の延期を申し出たが、三島は、その作品の上演自体をとりやめた。以降、三島は黛と絶縁した。最初予定された通りでなければ、妥協してまで行おうとはせず、むしろ白紙に戻してしまうのである。

こうした完璧主義は、後でみるように、三島を自決というラディカルで、凄惨《せいさん》な最期へと追い詰めていく一つの要因ともなった。

本能を解放できない

完璧主義を抱えている人にしばしばみられる傾向は、清らかで、正しく、善良でなければならないという義務感に縛られ過ぎ、自らを本能や欲望にゆだねることができないということである。本能や欲望は、汚らわしく、邪悪で、非道徳的なものという観念が強すぎることも多い。性に対して不器用で、ぎこちなく、心から楽しめないという点も、完璧主義の人にみられやすいが、そこにも、本能を自由に解放できない、完璧主義の人の縛られた心が関係している。このタイプの人は理性が発達し過ぎていて、自分の本音や感覚を抑えてしまい、建て前や形式的なスタイルや世間的な評価といったもので物事を見ようとする。結局、自分自身が何を望んでいるのかを本当には知らないということも多い。

完璧主義の人は、ファンタジーや理想の世界では、自分の憧れの対象を見出すことができる。そうした仮想世界では、瑕疵《かし》のない完璧な存在が手に入るからである。アイドルやスターといったものに、理想化された存在を映し出す人も多い。

だが、現実の存在や異性を前にするとき、完璧主義者には、目の前の対象はあまりにも不完全で醜く、滑稽で、愛情よりも幻滅を催させてしまうのだ。たとえ、理想的に思える存在に出会えたとしても、彼らは自分の気持ちを素直に表現できない。善や美へのとらわれが、自分の欲望を告白することをためらわせるのだ。あなたの裸が見たい、あなたとセックスしたいという願望を素直に口にするには、あまりにもプライドが高すぎるのだ。なぜなら、欲望を口にすることは、自分の中に欠如や飢餓があるということを打ち明けることであり、それは自らの完全性を否定することにほかならないからである。

完璧主義の人が、恋愛や性の問題に遭遇するとき、戸惑いや混乱、心にもない攻撃や拒否をしてしまい、素直に愛情や欲望を表現できないのは、自分自身が完璧でありたいという願望と、現実が相容れないからである。

完璧主義の悲劇『ブラック・スワン』

ナタリー・ポートマンがバレリーナ役を演じ、アカデミー主演女優賞を受賞した映画『ブラック・スワン』は、完璧主義の悲劇を扱ったものである。

バレリーナのニーナは、『白鳥の湖』のプリマ役であるスワン・クィーンに抜擢される。スワン・クィーンは、純真無垢なホワイト・スワンと、官能的な魅力のあるブラック・スワンの両方を演じなければならない。潔癖なニーナは、ホワイト・スワンの役はみごとに演じられるのだが、ブラック・スワンの妖しい魅力が出せない。監督のトマスから、もっと自分を解放し、性的な喜びを知らねばならないと言われる。しかし、ニーナは性の快楽に自らをゆだねることに抵抗を覚える。それどころか、完璧主義のニーナは、悪い自分を受け入れることができず、完璧でない自分を罰したくなる衝動のために、自傷行為を繰り返していた。

役を完璧に演じようとするあまり、次第に精神のバランスを崩していくニーナ。拒食のため体重も減っていく。ニーナは、麻薬や性的放縦に走ることで、自分を解放しようとするのだが、それは、さらなる混乱を招き、やがてニーナは幻覚と妄想の入り混じった世界へと陥っていく。

鍵を握るもう一人の登場人物は、ニーナの母親である。母親もまた、かつてバレリーナを目指したものの、ニーナを身ごもったために、その夢を断念し、今は絵を描きながら、ニーナに自分の果たせなかった夢を託している。小さな子どもを宥《なだ》めるように、いつもニーナによりそう過保護な母親。しかし、ふとした瞬間に、母親にも壊れたところがあることが垣間見られる印象的なシーンがある。それは、ニーナがプリマ役に抜擢されたという連絡を受け、それを祝おうと、大きなケーキを用意して待っていた母親が、ニーナが体重のことを気にして、いらないという素振りを見せた途端に、顔色を変えて、ケーキをゴミ箱に捨てようとする場面である。

ニーナは慌てて母親を宥め、一口だけ食べる。母親の顔色をうかがうようなニーナの反応。

ニーナが献身的な母親に支えられていたように見えたが、実は、気を遣って合わせていたのは、ニーナの方であり、母親の方が娘に依存しているのだということが露呈する瞬間であった。

ニーナは、監督から性的な喜びに目覚めるために、自慰をするように言われる。ニーナは、翌朝、目覚めたベッドで自慰をしようとして、ふと気がつくと、母親がベッドの後ろの椅子でうたた寝をしている。母親の眼差しが、ニーナの性生活にまで注がれ、彼女が純粋無垢なよい子として縛られている状況が、背負わされている重苦しさとともによく表現されたシーンであった。

親の期待と愛情を一身に受け過ぎて育った人にとって、ニーナのような状況は、決して特別なことではないはずだ。ホワイト・スワンでいられても、ブラック・スワンになれずに、自分の欲望を素直に表現したり、本能的な喜びをバランスのよい形で求めるということが、注がれ続けてきた母親の眼差しによって、しばしば邪魔される。

ニーナのように、最後に「完璧にやったわ」と言って達成感を味わうことができたとしても、その代償は限りなく大きい。自分の肉体や精神、命さえも損なってしまうこともあるのだ。

完璧主義に隠された病理とは

完璧主義は一つの美意識だとも言える。完璧であることに、ある種、美的な満足を覚えるのである。九十九パーセントでは満足できず、百パーセントを求めることに徹底的にこだわるのだが、九十九パーセントと百パーセントの実質的な効果の違いがほとんどないことを考えれば、それが極めて心理的なとらわれであることがわかる。その意味でも、審美的満足としか表現しようのないものである。完璧であること、つまり一切の瑕疵を免れていることに特別な価値を置くのである。それは、言語的、表象的なとらわれと密接に結びついている。なぜなら、完璧な状態というものは、言語や記号といった表象なくしては、存在し得ないものだからである。

ある表象と完全に一致することが完璧な状態であり、それを追求するのが完璧主義なのである。つまり完璧主義とは、創造的なものではなく、その本質は、同一を求める反復強迫だと言える。完璧主義の人にとっては、予定されていたものとの同一性を実現することが、最大の目的なのである。その反復強迫が、そもそも何のためのものであるかは、あまり重要でない。同一性を反復することが、根源的とも言える衝動なのである。

ここまで考察すると、完璧主義というものが、一つ間違うと強迫的な反復行為と結びつきやすいわけが明らかとなる。そして、強迫的な反復行為というものは、反復すること自体が目的となっていくのである。

完璧主義の人が陥りやすい、さまざまな嗜癖的行動、仕事中毒、過食と嘔吐の反復、体重を減らすことへのとらわれ、自傷行為や虐待を止められなくなること、アルコール依存などの依存症、それらの背景には、本来の目的を忘れて、ただ繰り返すために繰り返すという反復強迫の病理が、程度の差はあれ認められるのである。

幼い子どもは反復が好き

小さな子どもと少し一緒に遊んだだけで、同じことを繰り返すことをとても好むということに気づかされるだろう。同じことを何度も繰り返すのは、大人には退屈だと感じられるのだが、幼い子どもには喜びなのである。

幼児に人気の高い童話は、大抵、同じフレーズが繰り返される構造になっている。それをまた子どもは、飽きもせずに何度でも読んでくれというものである。人間にはどうやら元々同じことを繰り返したいという衝動があって、それに心地よさや喜びを感じるようなのだ。

ニーチェは『ツァラトゥストラ』において、「同一物の永劫回帰」という思想を、究極の真理として謳《うた》い上げ、フロイトは『快楽原則の彼岸』という論文で、「反復衝動」というものを、性欲と並ぶ、人間の基本的な衝動として取り上げている。

大人になるにつれて、強迫的な反復行動を卒業し、もっと変化や多様性に富んだものを好むようになっていくが、ストレスがかかったり、バランスを失ったりすると、元々ある反復衝動が強まってくる。完璧主義というものも、ある意味、反復衝動をより高次のものを目指す方向に昇華した形だとも言えるが、それがひとたび空回りを始めると、土台の強迫衝動の部分が露出してしまうのかもしれない。

エリートOLはなぜ売春を繰り返したのか

ごく身近にある完璧主義というものが、現実の生活の中で満たされなくなると、次第に病的な反復強迫に陥り、極めて異常なところまでいってしまうことがある。そのことを典型的に示したのが、一九九七年に起きた東電ＯＬ殺人事件の被害者となった女性の二重生活である。

渋谷円山町のラブホテル街で起きたこの事件は、加害者よりも被害者に大きな関心が集まったことも特異な点であった。被害者が一流企業のＯＬであったこともさることながら、その素顔が報じられるにつれ、総合職のキャリアウーマンという昼間の顔とは別に、毎晩立ちんぼをして客を引く売春婦としての夜の顔が明らかとなり、世間はあっと驚かされたのである。

だが、この女性の異常な日常も、これまで述べてきた完璧主義のもつ病理性を頭に入れると、理解が容易になるだろう。

それにしても詳細を知れば知るほど、二つの顔のギャップは際立っていた。佐野眞一氏の『東電ＯＬ殺人事件』によれば、慶應義塾女子高から慶應義塾大学に進んだ才媛で、東京電力に入社後も、調査研究畑を歩み、経済学関係の論文も書いている。父親は彼女が大学生のときに亡くなっていたが、東大卒のエリートで、同じく東京電力に勤務していた。母方の親戚には医者などが多く、エリート一家に生まれ育ち、彼女もエリートとしての道を歩んでいたはずだった。

だが、その一方で、殺害される数年前から、彼女は売春を繰り返すようになり、なりふり構わない客引きで、界隈では有名な存在だった。夕方会社の仕事を終えてから、終電間際までの数時間に、一日平均四人の客をとっていたという。しかも、休日の昼間はホテトルで働き、夜はまた円山町に立った。ほとんど休みなく、売春を繰り返していたのである。

客に提示する金額も、当初は二万五千円から三万円くらいだったのが、殺害された頃には、五千円から三千円まで値下がりしていたという。値を下げてでも、とにかく客をとろうとしたのである。誰かれかまわずに声をかけ、神泉駅の前にある八百屋の中にまで入り込んで、客を誘おうとしたという。

円山町には、私もいささか思い出がある。駒場で大学生をしていた時分、円山町のアパートに友人が住んでいた関係もあって、細い通りにあった居酒屋に毎日のように飲みに行ったものである。駒場から円山町までは、目と鼻の先の距離だった。そして、友人が暮らしていたアパートにもぐり込んで寝たことも何度かあった。この被害者が殺害されたのと同じような、誰でも入りこめる便所が共同のアパートだった。その頃も、神泉駅の周辺には、それらしき女性たちが、ひっそりと立っていたりしたが、目立った客引きをするようなのは見たことがない。友人から教えられるまで、私などは気づかないくらいであった。

それからしても、被害者の仕事ぶりは、かなり度が過ぎたものだったと言えるだろう。総合職として昼間働いたうえに、四人の客をこなすというのは、並大抵のことではない。しかも、自分で客を見つけなければならないのだ。

遺品となった彼女の手帳には、客の情報がぎっしり書き込まれていて、自宅から客に電話をして「営業」することもあった。客の負担となるホテル代を節約するため、公園で相手をすることもあったという。微かに記憶にある、あの殺風景な公園で、と思うと、いっそう寒々とした思いになる。最終的に、ホテルを使わずに空き部屋となった部屋に客を連れ込んだことが、被害に遭うことにつながったのである。

なぜ、そこまでしなければならなかったのか。彼女は経済的に困っていたわけでもない。一流企業に勤め、年収一千万近くを稼ぎ、何不自由ないと言ってもいい身分だったのだ。

だが、彼女自身の売春の目的が、金を得ることにあったことも間違いない。彼女は金銭に細かく、持参した缶ビールの代金も必ず請求した。拾ってきたビール瓶を酒屋に持って行ってわずかなお金と換金したり、ささやかな景品がもらえるラブホテルのクーポン券を几帳面に集めていた。売春という仕事への入れ込みようは相当なものだった。

一人でも多くの客をとろうとして、居合わせた三人の男を次々と相手にしたこともあった。年寄りであれ、外国人であれ、どんな客も拒まず、喜んで受け入れた。あるときは男性客が住んでいたアパートのドアをいきなり開けて、「今日もセックスしませんか」と誘ったという。

彼女は、エロトマニア（色情狂）だったのか。そうではなかったようだ。彼女は「不感症」で、ほとんど声を出すこともなかったという。彼女が、売春を、金銭を得るための仕事と割り切ってやっていたことは疑いない。彼女は明らかに、売春婦という「仕事」にのめり込んでいたのだ。

潔癖な性格と摂食障害

高校時代までの彼女は潔癖なところはあったが、いかにもきちんとした家庭で育ったお嬢さんであり、成績も優秀だった。この時期までの、彼女の潔癖な傾向は、健康な範囲にとどまっていて、むしろプラスに作用していたと言えるだろう。

それが少しずつ病的なものに変わるのは、大学生のある時期からだったという。尊敬していた父親が、ガンのため亡くなったのだ。まだ父親は五十代で、業半ばというところであり、無念の死だったと言える。一家の大黒柱を失った、遺された家族にとっても、その悲しみと衝撃は大きかったに違いない。

彼女は悲しみの中で、自分がこの家を支えていかねばならないという思いを語ったという。周囲の目にも、彼女は別人のように感じられた。高校時代はふっくらとしていた体つきが、ガリガリに痩せて、その顔つきには人を寄せつけないものがあったという。激痩せは、父の死の前後から始まった摂食障害の症状だった。事件当時も、彼女は「鶏がら」のように痩せていたにもかかわらず、ダイエット用の薬剤を常用していた。

拒食症タイプの摂食障害にかかる人の特徴は、極めて勤勉な努力家が多いということだ。この女性の場合も、非常に典型的な性格を備えていたと言えるだろう。学生時代から、学業以外に関心がなく、遊びは一切やらなかったという。彼女は、さらに自分を追い詰めるように、国家公務員上級試験（現一種）を目指す。友人の語った「頭脳だけで生きていて、娯楽というものがまったくない人でした」という言葉が、痛々しい響きをもって感じられる。

上級試験に合格する夢は果たせず、結局父親と同じ東京電力に就職。そこで、彼女はエコノミストとしてやっていこうと、猛烈に努力したようだ。論文も次々と発表。「仕事が楽しい」と誇らしげに語っていた。入社五年後、摂食障害が悪化し入院したのも、そうしたハードワークが祟ったのだろう。

ところが、入社八年目に、立て続けに三篇の論文を発表して以降、まるで燃え尽きたように論文の発表が途絶えるのである。佐野氏が指摘しているように、それは、彼女がクラブホステスとして働き始めた頃に当たり、さらにその四〜五年後から、彼女は本格的な売春生活にのめり込んでいくのである。

仕事で燃え尽きを味わい、それまで仕事に注ぎ込んでいたエネルギーは、売春を繰り返すことへとはけ口を変えていったのだ。そうした逸脱が起きたのは、仕事で限界を感じる一方で、売春の世界では価値を認められる体験を味わったということがあったはずだ。

実際、彼女が親しかった客に語ったところによると、売春にのめり込むきっかけは、最初の相手が大金をくれたことからだという。

落ち目になった者にとって、自分の価値を認めてくれる世界は、あらたな居場所となる。それが違法なものであろうがなかろうが、認められることへの飢餓感が強い者にとって、さして重要な問題ではないのかもしれない。

人は傷ついた状況を繰り返す

執拗にある行動や考えにこだわって、それを反復せずにはいられないという衝動に、人はしばしば駆られる。そうした反復衝動は、「強迫性」と呼ばれる。

つい繰り返してしまう、繰り返さずにはいられないという強迫衝動が、人の行動をいつのまにか操っているということは少なくない。

強迫衝動とは何かを考えるうえでヒントになるのは、フロイトが報告している、ある女性の症例である。その女性は、自分の部屋から隣の部屋に駆け込んできては、女中を呼びつけて、どうでもいい用事を言いつけるという行動を何度も繰り返すという症状に悩まされていた。フロイトから、どうしてそんなことをするのかと尋ねられても、もちろん女性は、「わからない」と答えるだけだった。治療が進んだとき、ようやく女性は、心の奥深くに抑えられていた次のような光景を語った。

それは新婚初夜のことで、夫がインポテンツになり、何度も部屋に駆け込んできて試みようとしたが、その度にできなかったのである。翌朝女性は、女中が寝具を直しに来たとき、初夜が不首尾《ふしゅび》に終わったことがばれてしまい、恥をかくと言って、赤インクでシーツにシミをつけようとしたが、それもうまくいかず、シミが、ぴったりではないところについてしまった。

その女性の奇妙な強迫行動は、新婚初夜の恥ずかしい場面を、自らが夫に成り代わって繰り返し演じるものだったのである。フロイトはさらに解釈を推し進めて、女中に知られると恥をかくと言った夫に代わって、女性自ら女中を呼びつけて、夫がインポテンツではないことを知らせる行動を行っているのだと言う。つまり、女性の行動は、あの夜味わった恥辱を雪《すす》ごうとする行動だというのである。

しかし、現実に女性は、数年前から夫と別居中で、離婚するかどうか悩んでいた。フロイトは、そうした状況で、別居の理由が夫のインポテンツではないということを弁明する必要が強まっているのだと説明する。

フロイトの説明の当否はともかく、人間には、失敗した場面や傷ついた場面を繰り返そうとする反復欲求があることは、否定しがたい事実に思える。外傷的場面を何度も逐一思い出したり、夢に見るというだけでなく、その場面をさまざまな仕方で表現したり再現したりする。

たとえば、虐待を受けて育った子どもが、動物虐待をしたり、自傷行為をしたりすることは少なくない。自分が虐《しいた》げる側になる場合も、虐げられる側になる場合もあるが、傷つけられた状況を再現しているとみることもできるだろう。

父親から暴力を受けて育った女性が、暴力をふるう男性を配偶者に選んでしまうということも、現実によくみられるものである。もちろん、選んだ相手は最初から暴力的だったわけでも、そうした男性を選びたかったわけでもないのだが、結果的に同じ状況が再現されてしまう。レイプなどの性被害に遭った人の中にも、性的関係を結ぶことが非常に困難になる人がいる一方で、売春や見境のない性行為にのめり込んでいく人も少なからずいる。

先の東電ＯＬ殺人事件の被害者の場合も、売春稼業にのめり込んだもう一つの理由として、妻子持ちの上司と不倫関係になり、捨てられた腹いせからだと、得意客に打ち明けたことがあるという。だとすると、強迫的な売春行為の根底には、実を結ぶことのなかったセックスという心の傷がかかわっており、ある意味、売春行為は、外傷的な状況を再現していたとも言えるだろう。

刷り込まれたとらわれ

このように強迫的な行動は、何らかの心の傷に対するとらわれの結果として出現することがあるが、心の傷とは異なるとらわれによって出現することもある。それは、子どもの頃に刷り込まれたとらわれによって現れるものである。そうした例として非常に印象的なのは、岸田秀氏のケースである。以前にも他のところで触れたことがあるが、改めて紹介したいと思う。

作家の岸田秀氏は、精神科医ではないが、フロイトの精神分析に造詣が深く、『ものぐさ精神分析』というシリーズがベストセラーになったことで知られる。その岸田が、精神分析に興味をもつようになったのは、自分自身が神経症の症状に悩まされていたからでもあった。岸田の症状は、奇妙な強迫症状で、彼は大学生の頃から、借りてもいないものを返そうとするということを繰り返していたという。たとえば、借りてもいない傘を返そうとしたり、借りてもいないお金を返そうとするのである。「そうだっけ」と怪訝《けげん》な顔をする相手に、受け取ってもらおうと岸田は必死で、ありもしない状況を捏造《ねつぞう》した。

自分でもなぜそんなことをするのか、まったくわからなかったという。その謎が解けたのは、フロイトが書いたある症例報告を読んでいたときのことである。それは、一般に「狼男」と通称される症例であったが、読みながら岸田は愕然《がくぜん》とした。というのも、狼男の症状と自分の症状が、そっくりだったからである。

それがヒントになって、岸田は、借りてもいないものを返そうとした強迫行動の根っこに、母親から常々言われていたことが関係していることに気づく。実は岸田は、養子としてもらわれた子で、養母は彼を大事に育ててくれたのだが、日頃から口癖のように、「お前を育てるのにどれだけ苦労し、お金を使ったか」と言い立て、「その恩を忘れてはいけない、恩を返さなければならない」と吹き込み続けたのである。

そのことを自覚したとき、それまで岸田を縛っていた強迫観念は消え、借りてもいないものを返そうとする症状もなくなってしまったという。

人は、幼い頃親などから言われ続けたことが、とらわれとなって、知らずしらずそれに支配されている。それは決して珍しいことではなく、むしろ多くの人がそうしたとらわれを引きずっていると言ってもいいくらいだ。それが、あまりにも理不尽なものとなったときだけ「症状」として問題視されるようになるが、生活と一体化している限りは、ごく当たり前と思われていることも多いのだ。

東電OL殺人事件の被害者の話に戻ると、彼女を駆り立てていたのは、仕事を頑張らなければならない、一家を養わなければならないというとらわれだったと言えるだろう。そのとらわれは、小さい頃から彼女の中に植え込まれたものでもあったに違いない。遊んで楽しむよりも、自分の務めに励んで、成果を出さねばならないという強迫観念は、一朝一夕で作られたものではない。

こう考えてくると、彼女は二重のとらわれの中で、病的な強迫行動に耽《ふけ》るようになったと言えるだろう。一つのとらわれは、何事も完璧に頑張らなければならないという信念であり、彼女の中に子どもの頃から植え込まれたものであった。そして、もう一つのとらわれは、外傷的体験への固着であり、愛のない不毛な性行為を再現し続けねばならなかった。そうした推測が成り立つのである。そこにさらに金銭的報酬という駆動力《くどうりょく》が加わることで、何年もの間、その異常な行動は、生活の一部として維持され続けることになった。

強迫的な勤勉性と傷つけられた孤独な女の怨念が結びついた結果が、なりふりかまわない売春行為だったとすると、なおのこと切ない気持ちになる。

ガンジーの場合

潔癖で、私欲を捨て、善なる存在であろうとする気持ちは尊いものである。だが、そうした潔癖ささえ、行き過ぎると病的なとらわれと紙一重な、ある種の「異常心理」を呈することもある。

インド独立の父マハトマ・ガンジーは、潔癖で禁欲的な性格の持ち主であったこと

マハトマ・ガンジー　©ANP/PANA

で知られている。潔癖な性格は生まれもったものもあるだろうが、それに禁欲というさらなる過酷さをつけ加えたのには、ある不幸な出来事が関係していた。若くして結婚したガンジーは、その夜、病床にある父親の容体が落ち着いていたので父親のもとを離れて、自室に下がった。そして、高ぶった神経を鎮めるように、妻との交わりをもったのである。ところが、その直後に召使いがやってきて、父親が急死したことを伝えたのだ。父親が最期を迎えていたときに、自分は肉欲に溺れていたことを知って、ガンジーは強い罪の意識を感じた。

「こうして、すべては終わった。手を合わせるよりほかなかった。わたしは心の底から恥じいり、そして悲しかった。私は父の部屋に走った。

もし獣欲に目がくらんでいなかったならば、わたしは父が息をひきとるいまわのきわに父のそばにいなかった嘆きをせずにすんだのだ、ということを悟った。それは、わたしが消すことも、忘れることもけっしてできないでいる汚点である」（『ガンジー自伝』蠟山芳郎訳）

その罪の思いは、その後生まれた子どもが、生後三、四日で亡くなってしまったことによって、さらに強められることになった。それは自分の犯した罪の報いだと、ガンジーに感じられたのだ。

このとき受けた心の傷と罪悪感を償うために、彼は生涯を通じて、ますます禁欲的な生活を追求していった。若い頃からその兆しはみられていたものの、それは年々強まっていくことになる。まず、菜食主義や虚偽への潔癖さとして表れた。どちらも、しばしばトラブルの種になった。弁護士になったものの、安易な妥協ができないガンジーは、絶えず面倒事に巻き込まれ、いつのまにか不正に対して闘うリーダーになっていった。その一方で、彼は私利私欲というものをどんどん棄て去り、生活を簡素化していった。

その一環として、彼がやり始めたことは、たとえば洗濯屋に頼まずに、自分の手で洗濯をすることだった。ワイシャツのカラーまで自分で扱おうとした。そうすることで、洗濯代を節約するだけでなく、他人を当てにする煩わしさから逃れようとしたのだ。もちろん、素人だから、あまり見栄えよくはできず、笑いの種になることもあったが、そんなことにも、まるで無頓着だった。さらには、散髪まで人にやってもらわず、バリカンを使って自分の手で刈るようになった。鏡で見ることができる範囲はどうにか刈れたが、後ろの方はひどい虎刈りなってしまった。しかし、そんなこともまるで気にしなかった。便所掃除も使用人にやらせずに、自分でやった。弁護士という社会的地位を考えると、当時としては、それは異常なことだった。

南アフリカからインドに戻るとき、彼の支持者たちは盛大な送別会を催し、宝飾品など、高価な品々を餞別《せんべつ》として贈ってきた。心から喜んでいる妻から、それを半ば強引に差し出させると、南アフリカのインド人社会のために使う信託財産として残してきたのだった。

彼は何もかも人の手を借りずに、自分の手でやるようになる。パンも自分で作るようになったが、そのための小麦粉も、製粉したものを買わずに自分たちで製粉するようになる。農場を買い、そこで彼の考えに賛同するものたちと自給自足の生活を始める。

彼はそうした生活を気に入るが、妻や家族も巻き添えにされることとなった。ガンジーは、わが子に、貧しい人々と同じ境遇で育てようとし、特別な教育どころか、読み書きを習う機会さえ十分に与えなかった。自分自身は高等教育を受け、イギリスに留学したことを考えれば、かなり身勝手で横暴とも言える父親ぶりだった。妻にも子にも、自分の信念に従うことを強要したのである。

ガンジーはついに、完全な禁欲生活を徹底するようになる。お茶を飲むことも自らに禁じ、さらに塩を絶ち、豆を絶った。豆は菜食主義者にとって、貴重なタンパク源だった。それさえも拒んだのである。ついに穀物をとることも止めて、果物（それも安くて、自分たちの農園で手に入るもの）だけをとり、そのうえ、定期的に断食をするようになる。

一切贅肉のない、骨に皮を着せたようなガンジーの風貌は、生命を維持するぎりぎりの栄養量しか摂取しないという習慣の結果であった。それは、わずかしか食べずに、働き続けずにはいられない拒食症と似ていなくもないように思える。

ただ、ガンジーの場合、断食をする最大の理由は、それが情欲を抑えるのに有効だったからである。父の死に際して彼が抱いた罪悪感は、それほどまでに彼の心を支配していたのである。自らに苦行を強いる潔癖で強迫的なエネルギーは、偉大な事業を成し遂げる原動力ともなる。

完全癖と不潔恐怖

病的なほどに完全癖（完全性へのこだわり）が強まると、完全を求めようとする気持ちが毀《き》損《そん》されることは、当人にとって耐え難いほどの苦痛となる。青年期には、そうした完全癖が強まりやすい。

病的な完全癖は、さまざまな形で表れる。その一つで頻度が高いものは、不潔恐怖である。人の手が触れるドアノブや蛇口に直に触れられなかったり、ゴム手袋やマスクをしていないと落ち着かなかったり、人が使った便座には座れなかったりする。

それが昂《こう》じてくると、他人が触れたものには一切触れることができなくなり、人前に出られなくなったり、外出が困難になったりする。散髪もできず、風呂にも入れず、いつも同じ衣類を着続ける結果、ひどく不潔で、悪臭がしているという場合もある。

不潔恐怖は、不潔なことを恐れているというよりも、自分が異物によって侵されることを恐れるということなのである。

したがって、自分自身や自分自身が出すものによって不潔になることは、一向に気にならない。不潔恐怖の根底には、他者によって自分が侵されることに対する過剰な不安があり、それは他者を一切寄せつけず、自己保存（自分の生存や存在を保とうとすること）だけを追求しようとする袋小路に陥った自己愛でもある。

ピアニストのグレン・グールドは、さまざまな奇癖《きへき》で知られたが、彼もまた強い完全主義にとらわれ、深刻な不潔恐怖におびえていたことで知られる。演奏会では、観客の咳払いや物音が気になって仕方がなく、そうした雑音を、自分の完璧な演奏を損なう敵だとみなしていた。ついにはコンサートをすることを一切やめて、観客なしのレコーディングだけで作品を発表するようになった。

本来、音楽とは、時間と場所を共有することを楽しむためのものであり、観客と演奏者の両方があって成り立つものであった。その意味で、観客を拒否した演奏というものは、他者の介在を拒否し、自己完結しようとする変異態だと言えるだろう。だが、自分がすべてをコントロールした完璧なものを求めようとすれば、こうなるのは当然の帰結なのかもしれない。

昔のレコーディングなどは実に大らかなものだった。フルトヴェングラーの名演が足音つきと呼ばれたりするように、不完全要素やノイズも味わいとして受け入れることで、むしろそこに臨場感や一回きりの味わいが感じられたものである。その意味で完璧すぎるものは、どこか無時間的で作り物めき、生々しさや実体性に欠けるという面もあるだろう。

とはいえ、猥雑な要素を排除した「清潔さ」にわれわれは慣れ過ぎて、それらを当然だと思っている節もある。そこにすでに、われわれ現代人に浸透した完全癖や不潔恐怖が表れているとも言えるだろう。

死を招くこともある病的な完全癖

完全癖の強い人にとって、不完全であることの恐怖は、自分という存在を根底から不安に陥れる。他の人には、冗談かと思って済ませたくなるようなことに真剣に悩み、軽くあしらっていると、自殺してしまうということも起きる。

病的な完全癖は、それほどに深刻なものなのである。

深刻な不完全恐怖の一形態に、醜貌《しゅうぼう》恐怖とか身体醜形障害《しんたいしゅうけいしょうがい》と呼ばれるものがある。青年期に多いが、中年以降でもみられることがある。顔や体の些細な傷や非対称といった形態上の不完全性が気になったり、体毛や体臭、汗を過度に気にする。鼻が少しだけ左に曲がっているのではないかとか、唇の形が少しだけ左右違っているのではないかということが気になって仕方がなくなるのだ。そのため何時間も鏡を眺め、その度に絶望的な気持ちになる。

家族や友人には恥ずかしくて相談できないということが多いが、相談しても、本人の苦しさがわからず、まともに相手にしてもらえないことも多い。

ある男性は、臀部《でんぶ》の盛り上がりが左右で違うということにとらわれていた。相談を受けた医者も、あまり気にしないようにと言うほかなかった。本人は整形手術を受けたいと言って他の病院にも相談に行ったが、まともに取り合ってくれる医療機関はなかった。

そんなある日、絶望した彼は自殺してしまった。誰も、そこまで本人が思い詰めているとは思い及ばなかったのである。

噛み合わせが悪いことを過度に気にしていた患者が、それを苦に自殺したという事例もある。噛み合わせというのは確かに気になるもので、気になり出すと余計苦痛になるということは誰でもある程度想像できるだろうが、まさか死を選ぶほど思い詰めるとは、通常は思わないだろう。しかし、病的な完全癖のある人では、死を選ぶほど苦痛に感じられることもあるのだ。

成功の絶頂でなぜ死を選ぶのか

完璧主義者は、頑張り屋である。理想の完璧な達成を目指して、何事に対しても人並み以上の努力をする。うまくいっているときには、それが健全に機能し、すばらしい業績や達成に役立つ。しかし、いったん躓《つまず》き始めると、完璧主義者の完全を求めようとする欲求は次第に変質し始める。まったく無意味なことや、結果的に生活を行き詰まらせて自分を苦しめることに、頑張ってしまうことも少なくない。

頑張ってしまう人は何に対してであれ、手を抜けないのだ。それが、ときには自分を損ない、破滅に追いやるものであることも稀ではない。このタイプの人にとって、何事も手を抜かずに頑張ることこそが存在の証しなのである。ときには自分の死を実行するために、頑張ることもある。緻密な計画を立て、それを完遂する。

完璧主義の人にとって、些細な失敗や期待はずれな事態さえも、大きな心の打撃となりやすい。完璧主義の人は、人生が上り坂のときにはとても強みを発揮し、とんとん拍子で成功の階段を駆け上っていくが、下り坂になったときに脆《もろ》さをみせやすいのだ。

世間一般からみれば、成功の絶頂にあるとしか思えない人が、あっけなく自殺してしまうということがある。そうした場合に、

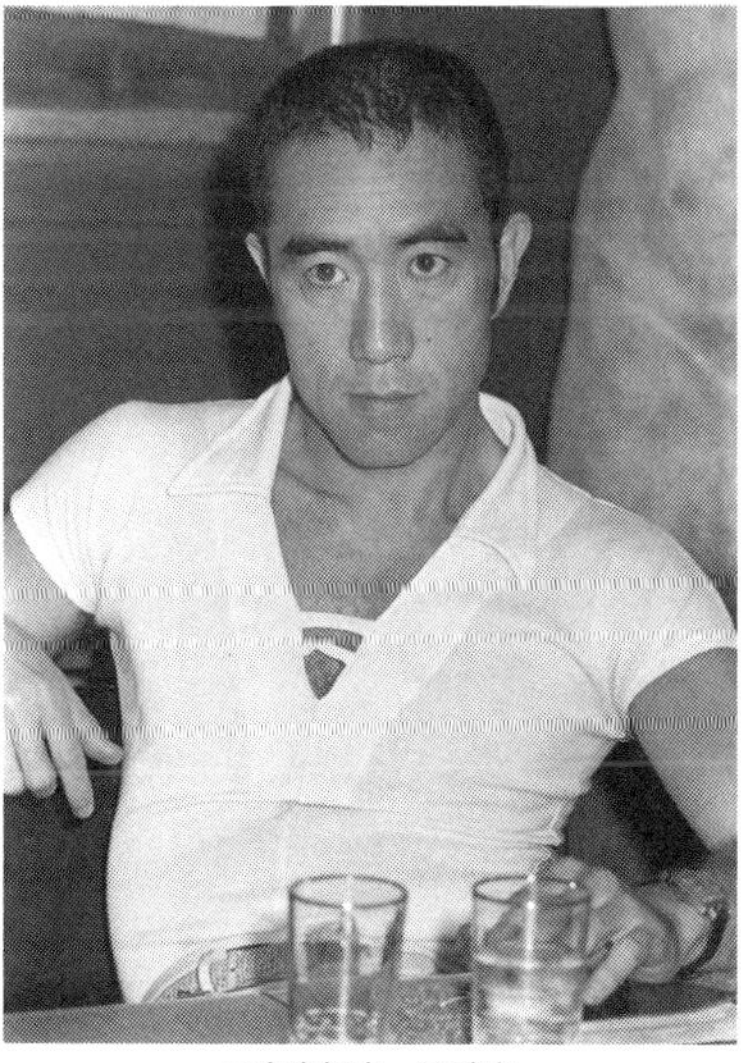

三島由紀夫　©時事

しばしばみられるのが、完璧主義が逆回りに作用してしまった状況である。

その典型的なケースとして、三島由紀夫の自決事件を取り上げることができるだろう。三島の凄絶な最期は、彼の完璧主義なしでは起こり得ないことであった。猪瀬直樹氏の『ペルソナ三島由紀夫伝』によると、三島は天才という見方ばかりが世に喧伝《けんでん》されているが、その実は、並はずれた努力家の一面をもっていたという。

大蔵省に勤めている当時は、勤務を終えた後、午前二時頃まで執筆して、朝早く仕事に出るという生活だった。睡眠時間は、三、四時間だったという。世に名前が売れてからも、決して現状に満足することなく、さらに野心的な作品に取り組んでいった。しかも、先にも述べたように締め切りを一度も破ったことがなく、どんなに酒席で盛り上がっていても、十時になると、さっと切り上げた。極めて禁欲的で、自己コントロールの利いた生活ぶりだったのである。

三島は、大蔵省を九カ月で辞めて、書き下ろし長編『仮面の告白』に作家としての命運を賭ける。ホモセクシャルやサディズムなど性的倒錯の告白の書であるこの小説は、三島の思惑に反して刊行当初はちっとも売れず、三島は青くなって大蔵省を辞めたことを後悔したという。

刊行から半年経って、次第に注目され、ようやく再版された。新潮文庫に収録されたところから、一気に売れ行きが加速した。そこから三島の作家生活は、おおむね順風満帆だったと言える。次の長編『愛の渇き』が七万部、そして二十九歳のときに刊行した『潮騒』は、発売直後から一気にベストセラーとなった。映画化作品も大ヒットし、三島は国民的な人気作家となったのである。三十一歳のときの『金閣寺』は、三島の最高傑作として高い評価を受け、これもベストセラーとなった。続く、『永すぎた春』も十五万部と部数を伸ばした。

三島は渾身の大作として、三年の歳月を費やして大長編『鏡子の家』を世に問う。これも十五万部と商業的には成功したが、批評家の評価は、三島作品としては初めてと言っていいくらい手厳しいものだった。三島は初めて挫折を味わったのである。そこから、とんとん拍子に来た三島の運気に陰りがみえ始める。

次いで刊行した『宴のあと』は、元外務大臣の有田八郎氏から、小説のモデルとして使われ、プライバシーを侵害されたとして訴訟を起こされる。ゴタゴタする中、三島は起死回生をかけて、労働争議に題材をとった社会派の小説『絹と明察』を出す。しかし、売れ行きは芳しくなく、期待外れの一万八千部止まりであった。三島の不振とは裏腹に、大江健三郎など次世代の作家の作品が世間の話題をさらい、売れ行きでも三島をはるかに凌ぐようになっていた。三十歳で頂点を極めた三島も、四十歳を迎え、凋落《ちょうらく》を感じずにはいられなかったのである。その頃から、三島の心中には、ひどく思い詰めた気分が漂い始める。

それでも、三島は世界的に評価されており、四十歳の年から、毎年ノーベル賞候補に名前があがっていた。ところが、三年後、ノーベル賞を受賞したのは三島ではなく、川端康成であった。自決の一年前である。三島自身、「このつぎ日本人が貰うとしたら、俺ではなく大江だよ」と予言したという。

すでに三島の関心は、自分の人生を、いかに劇的に締めくくるかに向けられていたようだ。ある意味、四十歳を過ぎてからの四年ほどの歳月は、完璧な「死の舞台」を整えるために費やされたとも言える。三島らしく、最後の作品『豊饒の海』の最終部「天人五衰」の最終章の原稿を、自決の当日に、編集者に渡るように段取りしていた。最期まで締め切りを守り、予定したシナリオ通りに人生の幕も下ろしたのである。すべてをスケジュール通りに管理したという点で、三島の人生は、例を見ないほど完璧な生き様だったと言えるだろう。

だが、それは、完璧を追求することが、あまり幸福な生とは言えないことを、われわれに教えてくれる最たる例でもある。

完璧主義を捨てよ

完璧主義というものは、人を成功へと押し上げる原動力にもなるが、ひとたび歯車が逆回りを始めると、同じ完全を求める気持ちが、不完全な自分を死へと追い詰める殺人装置になりかねない。

完璧主義は、今や現代社会に広く浸透し、それがうつや自殺の増加の一因ともなっているように思える。そこには、もともと潔癖なところがある日本人の国民性も関係しているに違いない。過ちを犯せば、自ら切腹して、命に代えて汚名を雪ぐという風土は、決して死に絶えたわけではないように思える。

そこにまた、西洋的な個人主義が流入し、個人の選択を重視する実存主義的価値観も加わり、自己実現に向かって努力するというライフスタイルが一つの価値として確立されてきた。それが戦後から今日まで続いている状況だろう。そこで重視されたのは、完璧な自己の追求であり、人と人の絆や個人と共同体の関係ということは軽視されたのである。

そうした価値観においては、誰もが輝かしいスターや成功者になることを夢見るが、日本全体が著しい斜陽を迎えるという事態を前に、高すぎる理想だけが、貧しくなり続ける現実との間で、無残な乖離《かいり》を起こしている。

こんな状況にあっては、なおさらのこと、完璧な自己を求めるという試みは、苦しみを増すばかりである。いくら学業でよい成績を修められたとしても、その先の人生は未知数である。

むしろ完璧でない、不完全な自分に耐えられる力こそ、混乱した見通しのない時代を生き延びるためには必要である。もちろん、夢をもち続けることも大事だ。だが、夢を本気で実現しようとするなら、不遇なとき、不完全な自分に耐えられる強さこそが求められるのである。

泥と垢にまみれても生きる強さ

イギリスの作家コリン・ウィルソンは、工業高校を出て工員をしながら、物書きになることを夢見ていた。しかし、長時間働き疲労困憊《こんぱい》した状態では、とても作品を書く余力はなかった。

そこで彼は、部屋代を節約するために、公園で寝泊まりして、わずかの貯金で食いつなぎながら図書館に通い、処女作の『アウトサイダー』を書き上げたのである。『アウトサイダー』は世界的なベストセラーになり、彼は作家として暮らしていけるようになった。

作家ジョージ・オーウェルも、ホームレスとして暮らしたことがある。だが、彼は、その体験を作品に描き、社会派の作家としての地位を築いたのである。不完全さも、みじめな暮らしも成功の種にするくらいの、転んでもただで起きないしたたかさが要るのだろう。風呂にも満足に入れない暮らしに耐えるには、完璧主義など邪魔なだけである。

日本には、そんな苦労話をはるかに凌ぐ人物がいる。水木しげる氏だ。水木の前半生は、それこそ挫折と逆境の連続であった。早起きが滅法苦手で、学校は二時間目から出かけるような、人一倍マイペースな性格だった水木が、軍国主義の時代に馴染めるはずもない。中学に進むこともできず、就職すれば、すぐにクビになる。好きな絵しか道はないと、美大に進みたくても学歴がないので受験資格がない。一念発起して高校を受験するが、五十一人受けて五十人が合格する試験に落ちてしまう。兵隊に行けば、誰よりも一番殴られる。ラッパ兵になったものの、ラッパがうまく吹けず、転属を願い出ると、配属された先がラバウルだった。玉砕命令が出て、生き残れば国賊扱いにされ、もう一度決死隊として送り出されたが、奇跡的に生還すると、上官から「なぜ死ななかった？」となじられた。そのうえマラリアにかかり、回復しないうちに敵の空襲により負傷、左腕を失った。

それでも水木は、これからは好きな絵が描けると前向きだった。復員すると、染め物工場の仕事をしながら念願の美大に通うことになるが、喜びもつかの間、工場が倒産してしまう。生活のため、学校どころではなく、魚売りなど職を転々とする。輪タクの仕事が軌道に乗りかけたと思えば、輪タク自体がダメになり、紙芝居作家でやっと食えるようになったと思うと、紙芝居が廃れ、貸本漫画家に転ずると、今度は貸本漫画が時代遅れになる。生き延びるために漫画家として雑誌に描くようになり、そこで成功のチャンスをつかむのである。

水木しげる　©時事

もし、水木が完璧な人生などにこだわっていれば、いくつ命があっても足りなかっただろう。褌《ふんどし》一つでジャングルの中を何日も逃げ回り、上官から死ねと言われても、生き続けられる頑強な精神力こそが光を与えたのである。

第二章 あなたに潜む悪の快感

しびれるような快感が支配するとき

幼稚園の年長の頃のことだったと思う。私と幼馴染《おさななじみ》の友人は、家の前の小川でドジョウを探したり、藻《も》を掬《すく》ったりして遊んでいた。だが、そんなありきたりの遊びに飽きて、もっと刺激を欲していたのかもしれない。その遊びを思いついたのは、幼馴染だった。彼の方が発育もよく、悪知恵も回ったのである。その遊びというのは、前の道路を通り過ぎるバイクめがけて、掬った藻を投げつけるというものだった。

そんなことをして怒られないかと心配にならないわけではなかったが、幼馴染の方は大胆であった。最初にやってきたバイクは、背中の後ろをかすめただけで当たらなかった。次にやってきたのは、女の人が乗ったスクーターで、荷台の辺りに命中した。スクーターはそのまま通り過ぎた。幼馴染は得意になって笑っている。私もなんだか面白くなってきた。

幼馴染は、もっと大きな塊を手にすると、次の獲物を待ち構えた。今度はおじさんが乗ったバイクだった。かなりスピードが出ていたにもかかわらず、幼馴染はコツを呑み込んだらしく、投げた藻の塊は、おじさんの肩の辺りにみごと命中した。ひっかかった藻をなびかせながら、そのまま通り過ぎた。幼馴染と私はおかしくてたまらず、声を立てて笑った。

そのときだった。通り過ぎたはずのバイクが、方向を変えて戻ってきたのは。われわれはパニックになり、川から転がり出ると、一目散に逃げ出した。おじさんは血相を変えてバイクを乗り捨て、大声を張り上げながら追いかけてきた。生きた心地もなかった。おまけに、すばしっこい幼馴染は先に逃げてしまい、私だけが追いつかれてしまった。

おじさんはひどく立腹していたが、首謀者が幼馴染の方だと睨んでいたらしく、私を捨て置いて、幼馴染の方を追いかけていった。幼馴染は我が家を通り抜け、近所の家に逃げ込んだらしく、おじさんが諦めて引き揚げた頃に、そこのおばさんに手を引かれ、泣きじゃくりながら現れた。近所のおばさんは、彼の話から、てっきり私の父が彼に手ひどいことをしたのだと思っていたそうだ。幼馴染は自分のイタズラを棚に上げて、まんまと被害者になりすましたのである。

こんな昔話を引っ張り出してくるのも、幼い子どもにみられるこうしたイタズラが、大人の世界にもみられる反社会的行動と、どういう関係があるのかということを考えるためである。

ひどいイタズラをして、とっちめられた経験は誰でも一度や二度はあるのではないだろうか。イタズラをしているときの心境を思い出してほしい。そこにはスリルというか、わくわくするような感興があったのではないだろうか。

これは、ごく基本的なことだが、多くの人が大人になると忘れがちなことだ。子どもがイタズラをするとき、それが悪いことだとよく理解していないという善悪判断の問題もあるが、それだけではない。そこには楽しさや興奮が伴うのである。イタズラをして、他の人がひどい目に遭ったり、困ったりするのをみるのが面白いのである。快感や愉楽という報酬を伴うから、ついやってしまうのである。

快楽殺人のような、テレビをにぎわすような異常性の強い犯罪は特別なものと思われがちだが、こうした子どものイタズラとむしろ似ているのだ。

イジメにしても、同じだ。なぜ人はイジメをするのか。イジメをめぐる多くの議論が忘れていることは、イジメには強烈な快感が伴うということである。いじめている側は、面白くてたまらないのである。

ある少年は、自分より年下の弱い相手をいじめるとき、頭が真っ白になり、しびれるような快感を味わったという。それは軽い意識の解離を伴い、理性を麻痺させてしまうほど強烈であるという点で麻薬を使ったときの快感に似ているとさえ言えるだろう。程度の差はあれ、立場の弱い相手をいじめるときには、血が沸き立つような気の高ぶりを感じている。もう少し大人になれば、快楽の部分はもっともらしく理由づけされて、表面に表れなくなるかもしれないが、一枚心の皮をはげば、そこには隠微な快楽が見出されるはずである。

なぜイジメやDV、虐待がクセになるのか

イジメは快感なのである。麻薬のようにクセになる快感なのである。だから、容易には止められないという一面をもつ。その証拠に、イジメが始まるまでは何年かの間、何事もなく一緒に過ごしているということも多い。ところが、いったんイジメが始まり、そこで適切な対処が施されないと、それ以降は両者が顔を合わせている限り、ずっと続いてしまいやすい。麻薬を覚えるのと同じことが起きていると考えれば納得がいく。

いじめる側にとっては、いじめられる相手は、快感を与えてくれる麻薬のような存在なのだ。同じ人間同士が、相手をいたぶることを麻薬代わりに用いているのである。まさに、それは悪の快感だと言っていいだろう。イジメは快感という報酬をもつことによって容易に強化され、嗜癖性をもつのである。

ＤＶや虐待についても同じことが言える。ＤＶをしたり、虐待をすることには、それを意識するにしろしないにしろ、快感の要素が存在する。親は好きで子どもを叩くのではないと言い

ながら、しかし、叩いている瞬間に、親は言葉では思い通りにならない子どもに権威者として罰を与えることにより、支配するという快感を味わっているのである。

恋人や配偶者を力でねじ伏せようするDVも、まったく同じである。そこには、自分が支配者であることを示し、相手を服従させる快感を伴っている。ときには、イジメのように苦痛を与えることが目的化し、それが快感となってしまっている場合もある。

支配し、服従させる快感もまた、それが手っ取り早い行為によって得られる限り、嗜癖性があり、一度やり出すと止められなくなるという性質をもつ。実際、DVにしろ、虐待にしろ、それが始まるまでは、そうしたことはまったくない関係が何年も続いていたケースが多いことは、イジメと同じである。

イジメも、DVも、虐待も、それをしないためには、強い自覚と日々の努力が必要だが、その行為に耽るのには何の努力も要しない。労せずして行うことができ、容易に報酬を得られる行為は、すべてにおいて依存性、嗜癖性をもってしまう。

悪の快感への依存は、こうしていったんはびこると、容易には消え去らない。

虐待やイジメは悪の温床になり得る

虐待やイジメは、もっとも身近に起きる悪であると同時に、あらゆる悪を生み出す温床にもなっている。虐待やイジメというものは、もっと大きな犯罪や事件からすると、さほど重要性をもたない卑近《ひきん》な問題というくらいにみなされがちだった。

しかし、近年、人間の中の異常性や犯罪のような異常行動がどのように再生産されているのかが明らかになるにつれて、虐待やイジメのようなどこにでも起きる、人の心を害する行為こそ、ほとんどすべての悪を育てる温床になっているという構図が浮かび上がってきている。

虐待やイジメは、まだ幼い子どもの発達段階を直撃するゆえに、それを根底から歪めてしまう。その子の基本的な安心感や他人に対する信頼感や共感性、世界観や未来観に至るまで、真っ暗なものに塗りつぶしてしまう。

そんなふうに傷を受けて育った子どもは他人を信じたり、愛したり、大切にしたりすることに支障をきたすようになるだけでなく、それによって、その人の周りにいる人やその子どもにも悪の種を植え込み、拡大再生産してしまう。

虐待にしろ、イジメにしろ、それは人間として愛され、大切に扱われるということとは正反対な扱いを受けるという点で同じである。愛されないどころか傷つけられるということが、被害を受ける存在に、どれほどの傷を負わせるかは計り知れない。

そして、その傷が、同じ行動へと駆り立ててしまうことも少なくないのである。

奇怪な行動に耽る子どもたち

宮本輝に『泥の河』という名作がある。戦後の貧しい時代の大阪を舞台にした、二人の少年の友情と別れの物語である。主人公の少年信雄は、うどん屋を経営する両親のもとで暮らしている。そこに現れた少年きっちゃんこと喜一は、土佐堀川に浮かぶ船の家で、母親と暮らしているが、母親はどうやら、その船で、男を相手にする商売をしているらしい。喜一は学校にも行っておらず、信雄はきっちゃんに自分とは違う境遇を感じながらも友情を結んでいくが、喜一の母親の汗ばんだ「青白い痩身」にも惹かれるようになる。

天神祭りの夜、信雄はもらったお小遣いで、欲しかったロケットのおもちゃを買おうとする。ところが、信雄から預かったお金を、喜一はなくしてしまう。喜一は罪滅ぼしのつもりで、意気消沈した信雄のためにロケットを盗むが、信雄は「そんなことするのん、泥棒や」と言って受け取ろうとしない。喜一は泣きながら謝り、自分の宝物を見せてやると言う。

喜一は、信雄を船の家にまで連れて行くと、川蟹の巣を引き上げてみせる。船の中からはいかがわしい気配が漂っている。帰ろうとする信雄の関心をつなぎ止めようと、喜一は「おもしろいこと」を教えて上げると言う。そして、蟹に灯油を吸わせ、それに一匹ずつ火をつけていく。蟹が青白い火柱を上げて身もだえする光景に、喜一は、「きれいやろ」と言う。信雄は異様なものを感じて、もうやめようと言うが、喜一は取り憑《つ》かれたように、その奇怪な遊びを続けるのだった。
しばらく足が遠のいたある日、喜一の船が、いつも舫《もや》われていた場所を離れようとしていると聞いて、信雄は喜一に別れを言いに駆け出す。信雄は船を追いながら、きっちゃんと呼び続けるが、船は窓を頑なに閉ざしたまま遠ざかってしまうのである。

喜一が信雄のために見せてくれた隠微な遊びは、彼にとっては特別な楽しみであると同時に、普段は他人に見せない、秘密の、自分だけの楽しみだったに違いない。無抵抗な生き物に向けられたサディズムは、幼い子どもが抱える寂しさや怒りに根ざしたものなのだろう。それは、貧しいとはいえ両親がいて、その愛情に守られて育った主人公には、理解できない心の領域だったに違いない。

ある少年は、幼い頃から虐待を受けていたが、母親から果物ナイフで刺されるという出来事があった頃から、時々理由もなく暴れるようになった。それとともに、おぞましい遊びに耽るようになった。それは、猫を捕まえて来ては、なぶり殺しにするというものだった。その光景を見た他の子どもたちは気味悪がって、彼を避けるようになった。それでも、猫を殺すのを止められなかった。一日に五匹殺したこともあった。一年に七十匹以上殺したが、そんな状態が何年も続いたので、とうとう近所には猫が見当たらなくなった。

みんなから疎まれて育った別の少年は、火遊びに耽るようになった。火が燃えているのを見ると、わくわくした。火遊びを怒られると、隠れて火遊びをするようになった。ついに、小屋に火をつけたり、漁師町だったので、船にまで火をつけた。炎がめらめらと立ち上がり、火に包まれるのをみると、興奮を感じたという。

ある行為が繰り返されるのには、そこに快感という報酬を伴っているからでもある。おぞましいだけにしか思えない破壊のための破壊であっても、やっている本人にとっては快感という報酬があるのだ。快感というと語弊があるならば、気晴らしと言ってもいいだろう。報酬のない行為が何度も繰り返されることはない。

だが、問題は、なぜそうした悪の快感にはけ口を求めなければならないのかということだ。破壊的な行動に耽るとき、必ずその人自身も危害を加えられる体験をしたり、阻害された思いを味わっているものである。愛され、大切にされている存在が、そうした行動に耽ることはないのである。

過食症と万引きに共通していること

もっとも身近な犯罪行為である万引きと、過食症という食べることへの依存症は、まったく別の行動のようでいて、大きな共通項がある。それは、どちらも幼い頃に愛情不足を味わった人にみられやすいということである。ことに、若い女性では、両者が併存することも少なくない。

有名なハリウッド女優や社会的な地位のある人物が、わずかな金額の品物を万引きして、ニュースになるということが、ときどきあるが、彼らが物やお金に不自由して、万引きをしているのではないことは明らかだ。なぜ、自分の名声や社会的地位を危うくしてまで、千円か二千円のものをポケットに入れねばならないのかということは、多くの人が疑問に思うことだろう。

有名人でなくても、万引きを常習的に行う人の場合、お金や物がなくて、切羽詰まって万引きしている人は少数派である。家に帰ったら、万引きした同じような品々が、置き場がないほどに溢れかえっているというケースもある。盗んできたマンガの本が、読みもせずに山積みされているという場合もある。

必要を満たすために盗るのではなく、盗るために盗っていると言った方が近いのである。経済的な利得よりも、心理的な利得の方がはるかに大きいのである。それゆえ、捕まってしまえば割に合わないどころか、社会的制裁を受けることによってはるかに大きな経済的損失を生じてしまうとわかっていても、つい手が伸びてしまうのである。そこで優先されているのは心理的な満足であり、快感なのである。

それはちょうど、過食症の人の行為とよく似ている。過食症の人は、栄養が不足して、足りない栄養を満たすために過食に耽っているわけではない。栄養的には、あり余っているとも言えるだろう。実際、過食症の人では、せっかく胃袋に入れても、食べた後ですべて吐いてしまうことも多い。その行為は体の必要を満たすためではなく、食べるために食べているのである。その行為自体が目的化している、つまり自己目的化という点が、常習的な万引きとよく似ている。

それにしても、盗るために盗ったり、食べるために食べたりするのは、いったい何のためなのだろうかという疑問が次に湧き起こるだろう。

それに対する答えの一つは、それらの行為には、どちらも強烈な快感を伴っているということである。万引きをして品物をポケットに入れたり、自分のカバンに入れたりするとき、ハラハラドキドキする気持ちと同時に、何とも言えない快楽を感じているのである。過食するときの快感も似ている。

過食してしまいそうだという危惧の念の一方で、過食するということは、過食症の人にとって、ある種のお祭り騒ぎか、背徳的なパーティのように魅力的な行為なのである。実際、過食症の過食行為は、専門用語で、「ビンジ・イーティング（binge eating）」（ヤケ食い）というが、その原意は、食い放題のどんちゃん騒ぎということである。

過食症の女性は、過食に対して、罪の意識と同時に、強い誘惑を感じる。過食行為には、性行為に溺れることと同じような本能的な快感があるからである。

しかし、あり余っているものを盗ったり、食べる必要もない物を食べたりすることは、健康な心のバランスをもつ人には快感となり得ないだろう。それゆえ、多くの人は、捕まるという危険や健康を害するという危険を冒してまで万引きをしたり、過食したりすることはしない。

ところが、窃盗癖や過食症の人では、その快感が強烈であり続けるため、デメリットを考えれば明らかに不利益だとわかっていても止められないのである。

なぜ、そんなことが起きてしまうのだろうか。

それに対する答えは、この二つの一見無関係な状態の根底に潜んでいる本質的な問題と関係している。それは、この項の最初に述べた経験的な事実、窃盗癖も過食症も幼い頃に愛情不足を味わった人にみられやすいという事実とも関係している。

つまり、これらの状態は、幼い頃に刻まれた根本的な欠落や、それに対する飢餓感が存在していて、それを過剰なまでに代償しようとする衝動に駆り立てられているということである。物を貪《むさぼ》ること、食べ物を貪ることは、愛情を貪ることの代替行為なのである。

実際、こうした行為を改善させるうえでは、十分な愛情と関心が与えられることが鍵を握る。いくらその行為だけを問題視して改善しようとしても、徒労に終わるだけである。飢餓感があるから貪ろうとするのである。貪る行為だけをいくら止めさせようとしても、無駄なのである。

快楽回路ができるとループし続ける

われわれが、「異常」として感じる行為に見出される一つの典型的な構造は、それが自己目的化したものであるということだ。社会の価値観による多少の揺らぎはあるとはいえ、われわれは概して、自己目的化した行為というものに、生理的な反発を感じるのである。

たとえば、同じ人を殺すという行為にしても、やむにやまれず身を守るために行った場合と、殺すこと自体が目的化し、殺すことが快楽となって、その殺人を行ったのとでは、まったく受け止め方が違うであろう。自己目的化した殺人というものに、理解できない「異常性」を感じるとともに、強い嫌悪と赦《ゆる》しがたい怒りを覚えるのである。

前章でみた東電ＯＬ殺人事件の被害者の行動を、われわれが「異常」だと思うのは、売春するという行動それ自体が、自己目的化しているように見受けられ、そこから先の出口がないからである。

そこには短絡的な快楽回路ができあがり、無限にループし続けるのである。その短絡的な円環において、他者は排除されている。相互的で共感的な他者とのかかわりはない。自己目的化した快楽の追求は、他者の介在なく行えるゆえに、ますます歯止めを失いやすいのである。

ウソをつく快感

自己目的化した嗜癖の一つに、虚言癖というものがある。

人類の知能の進化は、今や道具的知性の発達以上に、社会的知性の発達に負うところが大きいと考えられているほどだが、社会的知性の中でももっとも重要な能力は、ふりをする、つまりウソをつき、演技をする能力である。

装うことによって相手に油断させ、相手の行動を操作することで敵を欺《あざむ》き、ワナに掛け、自分よりはるかに獰猛《どうもう》な相手を倒すこともできるようになった。さまざまなふりをすることで、急場しのぎをしたり、利益を得たりする。それ自体は、正常な機能である。病気のふりをして仕事をさぼるのを大目に見てもらうといったことも、ある範囲内では必要な能力であり、馬鹿正直に手抜きなしで働いていたのでは、身がもたないこともあるだろう。働いているふりをして、さぼることも、ときには必要なのである。

だが、ふりをして厄介事を逃れたり、優しくしてもらったりすることも、それが自己目的化してエスカレートすると、異常心理の領域に足を踏み入れることになる。学校へ行こうとするとおなかが痛くなるといった程度ならいいが、激しい腹痛を訴え、本当に緊急手術を受けるということを繰り返しているとなると、常識的な理解を超えているだろう。開腹手術に伴う苦痛やおなかに残る痛々しい傷跡という不利益を差し引いてでも、その人にとっては手厚く看護してもらい、他の雑事から免れていられるということが、大きなメリットなのである。

実際、原因不明の腹痛のため、何回も開腹手術を繰り返しているというケースがある。筆者が経験したケースでは、自分で肩関節を外してしまうということを繰り返すものだった。一方の肩が外れて、ギプスで固められるだけでも不自由だが、ついには、両肩とも外してしまった。それでも、手当てされ、かまってもらえるということの方を求めてしまうのである。

これらのケースは、虚偽性障害と呼ばれるが、またの名をミュンヒハウゼン症候群という。ミュンヒハウゼンとは、ほら吹き男爵として有名な人物の名前であるが、ほら吹き男爵は、体の傷を見せては、これは名高い戦闘でできた傷だと作り話をして自慢するのを常とした。

病気の症状を自ら作り出す虚偽性障害も、空想虚言と呼ばれる病的な虚言癖も、注目や関心を惹きつけるためにウソをつくという点では同じである。しかも、苦痛や信用失墜という代償を払ってまで、それを繰り返すということは、その行為自体が自己目的化しているということであり、それだけ強い快感があるということである。その背景には、関心やかまってもらうことへの飢餓感があるのだ。

ミュンヒハウゼン症候群の中の特殊なものに、代理ミュンヒハウゼン症候群と呼ばれるものがある。自分の子どもや家族を病人や怪我人に見せかけ、同情や支援を受けることで満足を得るというものである。子どもを保険に入れることで、入院保険金や死亡保険金まで手に入るとなると得られるメリットはさらに大きくなり、一度その快楽の味を覚えると病みつきになってしまう人もいる。保険金という金銭的利得なしでも、子どもが亡くなるということさえも、周囲の同情を得て、自分が悲劇の主人公になったような気分を味わえるというメリットがあるのだ。代理ミュンヒハウゼン症候群も、虚偽性障害の一つである。

虚偽性障害とよく似たものに、詐病《さびょう》がある。詐病というのは、ただ病気のふりをするだけである。それに対して、虚偽性障害というのは、単にふりをするだけでなく、実際に傷があるとか、症状が出ている状態である。

昔、兵隊が前線に送られるのを免れるために、醤油を大量に飲んだという話があるが、それで顔や手足が浮腫《むく》んで、病気に見せかけるわけである。この場合も本当に症状があるので、詐病ではなく、虚偽性障害ということになる。

戦争から逃れるといった現実的な利益のために病気のふりをするのは、まだ理解できるだろう。それに対して、一見何の得にもならないようなことのために病気に見せかけたり、体に傷をつけたり、甚だしい場合には手足を失ったりするところまでいくと、かなり深刻な愛情飢餓と関心への欲求を抱えていると考えられる。

露出するのは気持ちいい

露出症という性倒錯が知られている。電車や通りで、性器を見せることに快感を得るタイプのパラフィリア（性倒錯）である。ストリーキングというものが、一時流行ったことがある。学生など若い人が、真っ裸で通りに現れ、道行く人々を驚かせるというものだ。これも、露出行為の一つである。

露出行為は、生物学的には求愛ディスプレイと呼ばれる羽や体の一部や性器などを誇示する行為の一つだと考えられる。その意味で、露出行為そのものは元来生物に備わったものだと言える。

オスのサルは発情期になると、勃起したペニスをこれ見よがしに誇示する。動物園といった不自然な環境に置かれると、発情したオスのサルは、人間の女性に対しても勃起したペニスを示そうとすることがある。そうすることで本来は、性行為へと誘おうとしているわけであるが、どうやらサルの方も、そこまで本気で人間の女性と交尾したいと考えているわけではなく、見せることが目的化しているように思える場合もある。動物園の檻という環境の中で暮らすうちに、サルも、前を通り、自分の方を見上げる人間の女性が、性行為の対象にはならないことは学習している。だが、ペニスを見せることは可能なわけで、そうするのは、そこに何某《なにがし》かの快感が存在するからだろう。

動物園の檻という特殊な環境に置かれたサルの事情は、ある意味、われわれ人間の状況に似ていないとも言えない。われわれ人間も、社会の掟や理性という見えない檻に閉じ込められ、近くに魅力的な異性が歩いていようと、指一本触れるわけにはいかず、ましてや性行為に及ぶことはできない。そのことは、厳しいタブーとしてわれわれを縛っている。

檻の中のサル同様、直接的な行動を起こすことは断念し、代わりにディスプレイ行動だけで満足するようになり、それがいつのまにか、代用行動というよりも自己目的化したのが露出症だと言えるだろう。

本来のディスプレイ行動は、性行動に誘うためのものであるが、性行動が禁止された結果、ディスプレイ行動自体が目的化したのである。だが、そうしたことが起きるのは、ディスプレイ行動自体にも快感が伴うためと考えられる。見せる—見られるという露出行動は、刺激的で心地よいのである。

自己愛の発達を理論化したコフートによると、露出症がみられる典型的なケースでは、幼い自己愛である誇大自己の段階への固着がみられ、自分を映し出してくれる鏡のような存在を求めようとする傾向を特徴とするという。露出行為には、しばしば性的なニュアンスだけでなく、相手を驚かせるという意図がみられることが多い。露出症の人は、人格的にも、どこか子どもじみていて、虚言傾向があったり、オーバーパフォーマンスなところがあったり、他の性的倒錯傾向があったりすることが多い。幼い頃、もっと見つめてほしかったのに、あまり眼差しや関心を獲得することができなかったのである。幼い頃の自己顕示的な欲望が満たされないことが、露出症的な願望の根底にあるという説明は、おおむねうなずけるのである。

俳優が舞台や映像において、「演技」という仮面を借りることによって、観客の眼差しに自分をまるごと投げ出し、生々しい姿をさらけ出すのは、その行為の根底に露出症的な快感があるからだと言えるだろう。演劇関係の人に聞くと、見られるという快感がたまらないのだと、はっきり語る人も多い。露出症的な欲望をもつ人にとっては、俳優という職業は、それを職業的に満足させられるという、もっとも幸福な営みに違いない。

多くの人は露出症的な願望をもっていても、それをもっと控えめな形で満たすほかない。昔から西洋で行われた仮面舞踏会は、自分の正体を半ば隠すことで、大胆なパフォーマンスをしやすくするイベントであり、露出症的な欲求のはけ口として機能していた。

今日、隆盛なコスプレは、それに代わるものであろう。ネットゲームなども、自分の正体を隠すことで、傀儡《かいらい》であるキャラクターに大胆な行動を演じさせるという意味では、仮面舞踏会の延長に位置するものだと言えるだろう。

自己刺激の快楽

自らホモセクシャルであり、エイズを発症して亡くなったフランスの哲学者ミシェル・フーコーの連続講義『異常者たち』によれば、十九世紀に異常性の概念を構成したものは、「怪物（自然に反するもの）」「矯正不能な者」と並んで「自慰する者」であったという。そして、これらの三つは互いにかかわり合い、オーバーラップするものとみなされていた。

つまり、当時にあっては、自慰行為は、身体的、精神的な病気の原因となるだけでなく、道徳的な堕落を引き起こすと考えられていたのである。

十九世紀も後半のことになるが、音楽家ワーグナーが、哲学者ニーチェと仲たがいしたとき、ワーグナーの側からニーチェに加えられたもっとも手ひどい中傷は、ニーチェが自慰に耽っているという言いがかりであった。一説によれば、これは中傷ではなく、ニーチェの健康を気づかったワーグナーが、知り合いの医師を通じて、ニーチェに親切に助言したのだとも言われる。だが、その「助言」は、ニーチェのプライドを打ち砕き、彼をして、ワーグナーの崇拝者から敵対者に変えてしまうのに十分だった。十九世紀、「自慰する者」が何を意味したかを考えれば、当然である。

この時代に、子どもの自慰を監視し、悪習に染まらないように見張るということが、家庭でも寄宿舎でも広く行われたのである。こうした考え方は、二十世紀に入っても色濃く残り、七十年代以降、新しい性科学に基づく革新的な啓蒙書が登場して、ようやく否定的な見方は薄らいでいったと言えるだろう。

私が医学部の学生だった頃には、同級生に一日七回自慰行為をしないといられないという男がいて、そのことをクラスのみんなが知っているくらいに、隠すほどのことでなくなっていたが、やはり同級生たちがその話題に触れるときの調子は、かなり嘲《あざけ》りを含んだものであった。

自慰行為というものに対して、あまりポジティブなイメージがあるとは言えないのは、やはりそれが本来の性行為の代用行為であり、それに耽ることは代用行為が自己目的化していることに、いくぶん不健全なものを感じたからであろう。

その意味で、独身者の自慰行為よりも問題が深刻と言えるのは、結婚して配偶者がいるのに、自慰行為を続けているというケースかもしれない。もう二十年も前から、こうした話をちらちら耳にするようになったが、セックスレスの一方で、「一人セックス」に耽る夫の姿に、妻がショックを受けるというケースが少なくないようだ。

晩婚化も影響しているだろう。ある男性は、二十年も自慰をしてきたので、いまさら止められないと言い、自慰の方がセックスより気持ちがいいと打ち明けた。

相手がいて、いろいろ気を遣わなければならないセックスが面倒だと感じ、自慰行為の方がずっと気楽で手軽だと感じるとすれば、自慰行為はセックスの代用ではなく、自己目的化する事態に陥っているとも言える。自慰行為は、異常ではないにしても、自慰行為が自己目的化してしまうことは、人口減少の点からみても問題であろう。

自己刺激による快楽は、他人の介在なく、簡単に手に入れることができるゆえに、歯止めのない嗜癖を形成しやすい。アルコールや薬物依存など、多くの依存症もまた、自己刺激による快楽というワナに陥っているのである。

他人の不幸は蜜の味

中世のイギリスでのこと。コベントリーという町の住民は、重税に苦しんでいた。住民の惨状を見かねた領主の夫人であるレディ・ゴディバは、夫に税金を軽くするように何度も懇願した。だが、夫は頑としてその願いを受けつけなかった。それでも、懇願を繰り返す夫人に、根負けした夫は、「裸で街を歩いたら、望みを叶えよう」と言った。もちろん、夫はそう言えば、夫人も引き下がるだろうと思ってのことであった。

ところが、レディ・ゴディバは、その試練を受けて立ったのである。ただし、町中に触れを出して、誰も家から外に出てはいけないと命じたうえで。レディ・ゴディバは、腰まで届く長い髪以外、何も身につけない格好で馬にまたがり、コベントリーの町を一回りした。町の人々は、レディ・ゴディバを気の毒がり、誰もその姿を見ようとはしなかった。ところが、一人トムという仕立て屋だけが、鎧戸《よろいど》にうがった小さな穴から、レディ・ゴディバの姿を見てしまった。結果、罰が当たってトムは目が見えなくなってしまったとも伝えられている。その故事から、覗き魔のことを英語で「覗きのトム（ピーピング・トム）」と言うようになったという。覗きが非難されるのは、相手のプライバシーを一方的に犯すということにとどまらず、他人の不幸を愉しむという反道徳的な行為とみなされるからでもあるだろう。覗きにおいて、自分は見られることなく、相手だけを見つめることができる。相互性がない一方通行ゆえに、その行為は非難されもするが、快感でもあるのだろう。

実際、多くの人にとって、他人の生活を覗き見することは愉しいものらしい。ことに、他人の不幸な姿や恥ずかしい恰好を見ることに、多くの人は関心をそそられるようだ。週刊誌やテレビに、スキャンダラスな記事やニュースが溢れているところをみると、他人のプライバシーを覗くことに興味を惹かれる人は少なくないということだろう。

その意味で、覗き趣味はわれわれの社会に広く行き渡っているとも言える。われわれはテレビカメラを通して、他人の不幸やプライバシーを覗くということを日常的に経験している。もちろん、不幸な状況に置かれた人に対して、多くの人は悲しみや痛みを感じることだろう。そうだとしても、あなた自身が親やわが子を失い、悲しみに暮れているときに、その姿を無関係な人に見られたくないと思う人も少なくないはずだ。

だが、テレビカメラは、そんなことにおかまいなく、人目にさらされたくない領域にまで踏み込んでくる。視聴者がそれを求めるからだ。建て前の理由が何であれ、その根底には、他人の不幸を見るのが面白いという「覗きのトム」の快楽が潜んでいる。覗き見趣味は、現代では日常的な楽しみの一部、健全な娯楽となっているとさえ言えるだろう。

イラク戦争のときに、バグダッドの上空から、ミサイルで狙い撃ちされるトラックや建物が映し出された。まるでゲームの中の出来事のように破壊される映像を見て、失われる命やそれが生み出す多くの悲しみについて考えた人はどれだけいただろうか。むしろ、すごいなあという感嘆の声を聞いたものだ。

だが、そんな現代人においてさえ、覗きという行為が自己目的化してしまうと、「異常」とみなされてしまう。窃視症《せっししょう》と呼ばれるもので、覗き見すること自体が目的化したものだ。覗き見趣味のない人には、馬鹿げているとしか思えないほどの犠牲を払ってその行為が追求される。昔、水洗便所が普及していなかった時代に、雨合羽を着て、傘をさし、公衆トイレの便槽に侵入し、便器の穴を仰ぎ見ようとして捕まった男がいた。

現代では、窃視症もはるかにハイテク装備になったとはいえ、女子高生のスカートの中を、カバンに内蔵した高性能カメラで撮影しようとすることは、やはり同じような不細工さがつきまとう。

覗き行為や盗撮で、教師や警察官といった公的な仕事を担う人が捕まるという事件が後を絶たない。タレントや学者でも逮捕者が出ている。窃視症の人にとっては、それほどまでに強い誘惑を伴うということなのである。

しかし、スカートの中を覗こうとする涙ぐましい努力と、お茶の間でテレビカメラが映し出す惨劇の光景をご飯を食べながら見るのと、どちらが異常かと問われれば、考え込む人もいるだろう。だが、前者の行為は、禁じられた「異常な」ものであり、後者の行為は、誰もがやっている「正常な」活動である。だが、次項で見るように、バタイユによれば、そこにエロティシズムが生まれるのは、「禁止」が存在するがゆえなのである。

悪の哲学者バタイユのエロティシズムとは

フランスの小説家で思想家のジョルジュ・バタイユは、「悪の哲学」とも呼ばれる独自の思想を生み出し、今日でも高い評価を受けている。

バタイユが至高性とか、エロティシズムと呼ぶ価値は、人間的な崇高さとか純粋な愛に基づくヒューマニズムとか博愛といった価値観を、まさに逆転したものである。道徳的な価値は無論、ニーチェが肯定した生命的な価値さえも、それ自体としては認めず、美や生命も、醜悪さや破壊と結びつくことでのみ、逆説的な価値をもつ。エロティシズムは、そうした矛盾する瞬間にだけ存在する輝きなのである。

なぜなら、バタイユにとってエロティシズムは、禁止されたタブーを侵犯するときに生まれるものだからである。そこに人間の性的快楽と、動物の性的快楽の違いがあると、バタイユは言う。人間の社会は、禁止によって性や死を排除した。それは秩序を維持し、協同的な労働を可能にするのに必要だったのだが、同時に強い禁圧となって、われわれを縛ってきた。その禁止を犯すとき、われわれは罪の意識とともにエロティシズムを感じるのである。

だが、愛の喜びとして、われわれが通常理解しているものとは異なり、エロティシズムは、「孤独の中にとどまっている」とバタイユはいう。エロティシズムは、われわれがイメージする愛とは、まったく違うものなのである。バタイユのいうエロティシズムには、相互的な共感というものが欠如しているのである。

バタイユは、「エロティシズムは、根本的に死の意味をもっている」とも述べる。「汝殺すなかれ」という死の禁止が、もっとも強い禁圧であるがゆえに、他人のものであれ、自分のものであれ、命を危うくする行為には、もっとも強烈なエロティシズムが潜んでいるという。

実際、バタイユは、死にとり憑かれていた。アズテック族の血腥《なまぐさ》い人身御供《ひとみごくう》の儀式や「百刻み」の刑のような中国の凄惨な処刑に魅惑され続けた。その根底には、自らの死というイメージへの魅惑があった。バタイユは言う。

「私自身の死のことが、卑猥《ひわい》であるだけにぞっとするほど欲望をそそりもする汚物のように、絶えず脳裏を離れない」(『G・バタイユ伝』西谷修・中沢信一・川竹英克訳)

自伝的な作品『わが母』の中で、こうも述べている。

「私はいっそ処刑されたい……私はおのれの処刑の中で笑いたいのだ」

常識的な価値観からすれば、バタイユの哲学は何とも病的で、非日常的で、悪魔的だと映るだろう。破壊することにエクスタシーを見出す人間の思想を、冒瀆的《ぼうとくてき》な危険思想だと嫌悪感を覚える人もいるだろう。

だが、現実問題として、バタイユの哲学や文学は今日も多くの読者を獲得し、思想家としても揺るぎない地位を獲得している。それほどバタイユの思想は受け入れられ、評価されてきたのである。それは言うまでもなく、人間の内奥に潜む一つの真実を抉《えぐ》り出しているからだろう。

「死刑になりたかった」と言う、無差別殺人を犯した死刑志願者たち。彼らは「至高の瞬間」を求めて、破壊と殺戮《さつりく》に暴走したのであり、そこに、貶《おとし》められた人生の最期の輝きを見出そうとした。そうした人々の心理と、バタイユ自身が語った願望は、驚くほどよく重なり合う。バタイユの「悪の哲学」は、不可解で、常識的には嫌悪感しか催さないような凄惨な事件の背後にある心理を理解するのに大いに役立つのである。

その根底には、何があったのだろうか。「悪の哲学」を生み出したバタイユは、いかなる人物であったのか。

倒錯を生み出した幼い頃の体験

バタイユは途中まで、勉強熱心な神学校の生徒であった。古文書学校に転じて、国立国会図書館に就職口を見つけた後も、一見真面目で、品行方正そうな司書として働いていた。彼の著作は正体を隠して発表され、表の顔から慎重に切り離されていたのである。

しかし、国立国会図書館に就職する以前に、彼の中には大きな変化が起きていた。それは、二十四歳のとき、古文書学校を次席の成績で卒業し、マドリッドのスペイン高等研究学院に派遣されているときに起きたとされる。模範的とも言える青年の心と体に、それまで抑えてきたものが一気に噴出するような事態が起きたのである。

その兆候は、踊子の少女やフラメンコ歌手の「エロティシズム」に魅了されたあたりから始まった。そして、それは、闘牛場でのある出来事で、決定的瞬間を迎える。

バタイユは、若い闘牛士が雄牛の角にかかって命を落とす光景を目の当たりにしたのだ。雄牛の角は、二度闘牛士を貫いた後、最後の一突きは、「右目と頭を深く抉った」。バタイユは、この目を背けるような場面に、味わったことのないような快感を覚え、心底魅了されている自分を見出した。「往々にして不快感がもっとも大きな快感の秘密なのだということを、私はそのときから理解し始めた」のである。

そのときを境に、バタイユの人生観は根底から覆ったと言っていいだろう。これまでの品行方正な生活ぶりは、淫売宿《いんばいやど》や賭博場《とばくじょう》に入り浸る暮らしへと様変わりするのである。

表向きは国立国会図書館の館員という、親切で、洗練された、非の打ちどころのない紳士であり続けながら、私生活は乱脈を極めた。そして、偽名を用いて、倒錯的な作品を発表したのである。

こうした二面性は、真実の姿を隠蔽《いんぺい》するためと言うよりも、この二面性にこそ、バタイユらしさがあるとも言えるだろう。先にも述べたように、バタイユの至高の瞬間は、命と死、美と醜、秩序と破壊といった矛盾した二面性が荒々しくぶつかり合い、破壊が秩序を呑み込む瞬間だからである。

かつての神学生バタイユは、まったく正反対の価値観と美意識に目覚めたのである。倒錯的なものこそが、矛盾したこの世界の真実を表したものであり、そこにこそもっとも強烈な魅力が宿ることとなる。

しかし、なぜこうした価値の転覆が起きたかと言えば、それも彼が両価的な矛盾を抱えていたからであろう。バタイユが、邪悪なものや醜悪なものを排除し、正しいもの、聖なるものだけを追い求めようとすればするほど、排除しようとしたものが強化されるというパラドックスに陥ったのだと思われる。

バタイユの父親は、バタイユが生まれたとき、梅毒が進んで、すでにまったく目が見えなくなっていた。梅毒に脊髄を冒され、やがて父親は寝たきりになり、大小便の始末さえ大変な苦痛を伴った。幼い息子は、それでも父親を愛していた。少年バタイユが、父親の排泄の介助をすることもあったようだ。だが、父親は猛烈な痛みのため、排泄しながら獣のような悲鳴を上げるのだった。そのとき、幼いバタイユの印象にとりわけ深く刻まれたのは、父親の盲目の大きな眼だった。

「いちばん気味悪いのは、まちがいなく小便をするときの目付だった。彼は何も見えないので、瞳は上を向いて瞼の下で虚空を見るのだった。（中略）いつも開きっぱなしのやたらに大きな眼、この大きな眼が小便をするときにはほとんど真っ白になり、見捨てられて正気をなくしたようなまったくやりきれない表情を浮かべるのだ」（前掲書）

闘牛の角によって貫かれた若き闘牛士の眼球というイメージが、バタイユにとって特別な意味をもったのは、父親の真っ白に裏返った眼球の記憶と重なり合ったためだった。少年バタイユの中には、父親のそのぞっとするような白眼を、破壊してやりたいという思いが潜在していたのかもしれない。

でなければ、闘牛の角によって貫かれた眼球というイメージに、バタイユがあれほど魅了されることはなかっただろう。バタイユは、後に『眼球譚』という自伝的小説を書くことになる。

梅毒がさらに進行した父親は、脳を冒され、妄想を抱くようになる。母親が医者といちゃついていると誤解し、嫉妬に狂った父親は、下卑た怒鳴り声を上げることもあった。

思春期を迎えていたバタイユは、愛していた父親を次第に憎むようになる。父親の苦痛の悲鳴を、快感をもって聞くようになっていた。

夫の妄想と看病に疲れ果てた母親は、うつを病み、一度は首つりを、もう一度は入水自殺を試みる。そんな混乱した家庭から離れる目的もあったのだろう、バタイユは寄宿学校に入る。だが、その頃から、彼は自分を傷つけないではいられない衝動に駆られるようになった。

十五歳のとき、バタイユは洗礼を受け、信仰に救いを見出そうとする。だが、その直後、悲しい事態に見舞われることになる。第一次大戦が勃発し、ドイツ軍が、バタイユ一家が暮らすランスの街のすぐ近くまで迫ろうとしていた。砲弾が降り注ぐ中、バタイユ一家は、父親を残して、ランスを退避したのである。父親が危篤との知らせを受け、家に駆けつけたときには、父親は封印された棺の中だった。父親を「遺棄」したと、バタイユは後に語ることになる。この出来事が、彼の心に深い傷を残したことは間違いない。

バタイユは修道士になるために神学校に学んだが、先にも触れたように、やがて古文書学校に転じている。そこに在学中、もう一つ若きバタイユにとって痛恨とも言える出来事が起きている。

幼馴染の女性と恋愛し、プロポーズしたが、彼女の家族の反対に遭い、断られてしまったのだ。反対の理由は、父親の病であった。バタイユは、女性に宛てた手紙にこう綴っている。

「結局のところ、ぼくはどんな幻想も抱いてはいない。ぼくの結婚が不都合をきたすかもしれないということ、つまりぼくはおそらく他人よりも不健康な子供をもつ可能性が大きいということはわかっている。だから人がぼくを遠ざけるのは無理もないと思うけど、それならもっと早くそうしてほしかった」(同)

バタイユの中には、気高く清らかで、人から愛される存在でありたいという願望とともに、自分は邪悪で醜く、誰にも愛されない存在だという深い自己否定があったように思える。それがバタイユの二面性を形作っていた。

その暗い自己否定から逃れるために、最初、彼は神の僕となる道を選び、それが行き詰まったとき、もう一つの方法として、自分の出自《しゅつじ》の秘密さえ知る一人の女性の愛情にすがろうとした。だが、それも手痛い拒否に遭ってしまったのだ。

スペインで、バタイユに起きた価値の転倒は、その傷心の体験なくしては起こり得なかっただろう。「気高く清らかで、人から愛される存在」としては受け入れてもらえないという事態を前に、バタイユはむしろ「邪悪で醜く、誰にも愛されない存在」であることを声高らかに肯定することで、自らを救おうとしたのである。

それは、バタイユの抱えていた二面性が裏返った瞬間でもあった。

だが、バタイユは絶対的な悪の立場に身を置いたわけではない。バタイユの二面性は、価値の逆転が起きた後も続いていたとみるべきだろう。図書館員のバタイユの秘密が、倒錯的な作家という別の顔であったように、作家バタイユにとっての秘密は、真面目な図書館員という別の顔であった。

バタイユが倒錯的なものに魅了され、その逆転した価値を、新しい哲学として構築する一方で、彼の中には罪悪感にまみれた自己否定が巣食い続けていたように思える。いや、その新しい哲学の中にさえも、自己否定が忍び入っているように思える。

結局、バタイユにみられた「悪」は、愛されないということ、愛を拒絶されたことに由来をもっていた。そして、悪とは、愛されない存在が、愛されない状態にあえて固執することにほかならないように思える。

エロティシズムは、孤独の中にあるというバタイユの言葉に示されているように、相互性をもたないエロティシズムは、そこで行き止まりである。ここにも、自己目的化した、閉じられた快楽の回路が見出される。

それは、同時に、外傷的な状況の強迫的な再現でもあっただろう。愛されなかった者が、愛されない自分であり続けようとしたのである。自分には愛される価値がないがゆえに、愛とは正反対のものを追究しようとしたのである。みんなが嫌った存在にあえて自分からなろうとすることによって、起死回生の逆転をはかろうとしたのである。

愛されないことが「悪」を生む

聖書で語られる最初の殺人は、兄カインによる弟アベルの殺害であった。アベルは父なる神に愛され、カインは愛されなかった。それをひがんだカインは、父の愛するアベルを亡き者にしたのである。アベルを殺せば、さらに父から疎まれることはわかっていただろう。だが、カインは、愛されないがゆえに、愛されない状態を貫くことを選んだのだ。

親や社会から認められないものが、認められないことを嘆いている限り、自己否定にとらわれ、傷つき続けなければならない。それゆえ、あるとき、認められないことを嘆くよりも、自ら選びとって、認められない存在になろうと決意する。こうなれば、自分が好きでそうしているのだから、嘆く必要はない。自己否定を自己肯定に変えることができるのである。自己否定を自己肯定に変える心の錬金術として、この価値の逆転を行うのである。

自ら選びとって認められない存在になろうとする生き方は、カウンター・アイデンティティと呼ばれる。反社会的な生き方や反権威的な生き方は、心に否定を抱えた者が、価値の逆転を行った結果であることが多い。

弱い者を踏みにじる快感

バタイユに先駆けて、倒錯と嗜虐性《しぎやくせい》をテーマにした作品によって後世に極めて大きな影響を及ぼした人物に、マルキ・ド・サドがいる。サドは、人間の醜悪さを身をもって嘗《な》めつくした人物であり、長い投獄生活を味わい、フランス革命によって釈放されたものの、再び収監され、最期は精神病院で亡くなった。

サドの真骨頂が示された作品と言えば、『ジュリエット物語あるいは悪徳の栄え』である。物語の中で、うら若く美しい女主人公ジュリエットは、倒錯的な快楽に耽る貴族や金持ちの男たちに出会うのだが、中でもジュリエットが教えを受けるのが、ノアルスイユという人物である。ノアルスイユは血も涙もないどころか、相手を苦しめることにしか喜びを味わうことができない男で、若い美人の妻がいるが、その妻の前で他の女と交わるか、妻を他の男にいたぶらせるかすることでしか興奮を感じない。

実は、ノアルスイユは、ジュリエットにとっては父親の仇《かたき》であった。というのも、ジュリエットの父親が破産し自殺したのは、ノアルスイユの悪辣《あくらつ》な策謀《さくぼう》によるものだったのだ。ところが、そのことをノアルスイユから打ち明けられても、ジュリエットは父親を破滅させた男に反感をもつどころか、その悪ゆえにノアルスイユに惹かれるのである。ジュリエットは残酷なアイデアを思いつくことで、彼に気に入られる。ノアルスイユが、妻を他の男たちの前で屈辱的に責め、苦しみを与えて殺したときも、その方法を演出したのはジュリエットだった……。というように、通常の感覚からすれば、目を背けたくなるような場面が展開されていくのである。

そこには同じ人間としての共感は存在せず、むしろ憎悪や蔑みと支配者としての驕《おご》りしかない。ある作中人物の言葉を借りて、サドはこう述べる。

「そう、わしらは神なのだ。神と同じように、わしらの欲望は、生まれるとすぐに満たされるのだからな」

今日では、文学作品としても評価が高いが、そこで展開されるサドの悪の哲学は、他者への共感性が欠落し、悪自体が目的化したという点でバタイユに似るところがあるものの、大きく異なる点がある。

それは、バタイユの哲学が、死と隣り合わせにある存在の危うさに根ざしているのに対して、サドのそれは、おぞましいまでの力と生の賛歌であるという点だ。バタイユが描く死や醜悪さは、生命や美と接し合うことによって、エロティシズムを生み出すが、サドが犠牲者を求めるのは、弱い者を踏みにじる快感によって自らの力を味わい、生命の喜びを享楽するためである。

サドは、ノアルスイユに語らせる。
「強い情欲の声がひとたび聞えはじめると、他の声はすべて沈黙してしまい、エゴイズムがその犯すべからざる権利を回復する。そしてわれわれは他人の苦痛なんぞ鼻であしらうようになる。そもそも他人の苦痛とわれわれ自身との間に、どんな共通なものがあるというのだ？　われわれが他人の苦痛を理解するのは、ただ自分も同じような運命になったら怖いと思うからではないか？　かように、もし恐怖から同情が生れるとすれば、同情とは一つの弱さであって、われわれはすべからくそのようなものから身を防ぎ、できるだけ早く逃れねばならないわけだよ」（マルキ・ド・サド『悪徳の栄え』澁澤龍彦訳）

バタイユが禁止から生じる罪悪感を、エロティシズムの不可欠な要素とみなしたのに対して、サドは罪悪感というものを目の敵にして、良心をもたない悪を志向する。

しかし、父の仇を賛美するジュリエットの生きざまは、ある意味、自分に加えられた悪に自らなろうとすることによって自分を守ろうとする、防衛メカニズムとして理解することもできるだろう。虐待された者が、虐待したものに自らを同一化するのと同じように。自殺に追い込まれた父親ではなく、父親を自殺に追い込んだ悪辣非道なサディストに自らを同一化することによって、傷つくことを免れ、生き延びようとしているのである。

つまり、そこにも自己否定を自己肯定に変える、究極の価値の逆転がある。そうしなければ娼婦に身を落としたジュリエットにとって自分の運命はただみじめなものになるだけなのである。

サディズムの根底にあるもの

その意味で、ジュリエットの嗜虐性は、自分の運命に対する復讐であり、バタイユとも通じるものがあると言えるだろう。

だが、伯爵の父親をもち、溺愛されて育ったサドが、なぜ純粋な悪を志向しなければならなかったのだろうか。人を人とも思わない嗜虐性は、どこから生まれたのであろうか。

サドの子ども時代に関する記録はわずかだが、サド自身が小説の形で述べているものから、自伝的要素が強い記述を、澁澤龍彥氏が抽出しているものに、一つのヒントが示されているように思える。

「なに不自由なく、ありあまる豪奢《ごうしゃ》のうちに育てられたので、物心つくころからすでに、自然も富もすべて自分のためにあるものだと信じるようになった。この笑止な特権意識が、わたしを傲慢な、横暴な、怒りっぽい子供にした。すべての者がわたしに服従し、全宇宙がわたしの気まぐれに奉仕しなければならぬと思った」（澁澤龍彥『サド侯爵の生涯』）

サドには、姉と妹がいたが、どちらも生まれてすぐに亡くなり、事実上、サドは一人っ子であった。過保護に育てられたことは、間違いなかろう。

ただ、サドが親の愛情に恵まれていたかと言えば、どうやら、それははっきりノーと言わねばならない。

サドの父親は伯爵にして外交官であり、母親はコンデ家というフランスの名家の遠縁にあたり、そのため母親は結婚後、コンデ家の侍女として仕え、コンデ侯爵夫妻の遺児ルイ・ジョゼフ・ド・ブルボンの教育係をしていた。そのため、幼いサドは、コンデ家の邸宅で、王子ルイ・ジョゼフ・ド・ブルボンの遊び相手をさせられたのである。幼いサドからすれば、母親の愛情や関心を、四歳年上の王子に奪われるように感じられたとしても、無理からぬ状況だろう。

幼いサドが、この王子に対して対抗意識を燃やすのは当然のことだった。

「ある日、子供らしい遊びごとから言い争いになり、相手が身分を笠に着て、横柄な態度に出るというと、つい嚇《かっ》となって、相手をさんざん撲りつけ、仕返しをしなければおさまらなかった」(同)

こうした王子とのいざこざもあって、サドはコンデ家を去ることになったが、母親から見捨てられたのはサドの方であった。五歳のときに、遠くアヴィニョンの叔父のもとに預けられている。そこでサドは、青年期まで過ごすことになる。

それまでも、両親と幼いサドの間のかかわりは、あまり安定したものとは言えなかった。そもそも父親の影は薄く、母親と幼いサドはコンデ家の邸で暮らし、父親は外交官であったため、ほとんどすれ違いの生活をしていた。母親と父親が連れだって遠くへ出かけてしまうことも多く、そのときサドは祖母の家に預けられたという。サドは、「この祖母の盲目的なやさしさが、わたしのなかのさまざまな欠点を育てることになった」（同）とも述べている。

サドは母親からの愛情不足と、それ以外の取り巻きから甘やかされるという、バランスの悪い状態に置かれていたのである。

三島由紀夫が、サドには一方《ひとかた》ならぬ関心を寄せ、『サド侯爵夫人』という戯曲を書いているが、出世作の『仮面の告白』には、すでにサディズムへの嗜好が、ホモセクシャルとともに取り上げられている。

興味を惹かれるのは、三島もサドと、ある意味で似た養育歴をもっていることである。三島は祖母から溺愛され、「二階で赤ん坊を育てるのは危険だ」という理由から、母親から引き離され、祖母の部屋で育てられ、母親は授乳時間しかわが子を抱かせてもらえないほどであった。何でも思い通りに与えられ、サドがいうところの「特権意識」をもつようになるとともに、実母との間の愛着は、どこか他人行儀なものとなってしまったところがあった。

サドの場合は、さらに王子というライバルがいて、それと諍いを起こすと、わずか五歳で、遠く離れた地に所払いされてしまったのであるから、母親へのぬくもりのある愛着など育つはずもなかった。それが結局、女性に対する憎悪や蔑み、嗜虐という形で、表れることになったと考えると、至極うなずける気もする。

サドは陸軍士官として七年戦争に従軍するが、この間に悪徳の味を覚えていったようだ。二十三歳のとき戦争は終わり、サドは帰ってくるが、この時点ですでにサドは悪癖に染まりきっていた。

ある女性と婚約するが、その女性に淋病をうつしてしまい、婚約破棄が伝えられる。身から出たサビとはいえ、サドは強い衝撃を受ける。父親が勧めた別の女性と結婚するが、安穏な結婚生活など待っているはずもなかった。一年とたたないうちに、放蕩のため十五日間牢獄につながれている。

それからは、次々とスキャンダラスな事件を起こすことになる。非難され、社会から排除されればされるほど、彼は自分の嗜癖に固執し、それをエスカレートさせ、さらには正当化するようになる。乞食女を別邸に引きずり込み、鞭《むち》で打ったり、娼家で乱交パーティを行ったりしたが、当時では強いタブーとされた肛門性交を行ったことも世間の嫌悪感を招き、催淫剤を使ったことが毒殺未遂だとして死刑判決を受けている。この判決は、後に破棄されるが、サドは長い幽閉生活を余儀なくされるのである。

だが、その根底にあったのは、自分が受けた心の傷に対する復讐であったのかもしれない。サドにみられるような嗜虐性も、バタイユにみられるような自虐性と嗜虐性の混淆《こんこう》も、それが行き着いた世界は、目を背けたくなるような残虐なファンタジーに満ちたものだが、その萌芽は幼児期から認めることができるのである。

叱られた子どもは、親を叩いて痛めつけようとしたり、それさえも禁じられると、今度は人形を投げ捨てたり、踏みつけにしたりする。一見、子どものイタズラと見えることには、幼い嗜虐性が潜んでいることも少なくない。一方、叱られると、自分の頭を叩いたり、床や壁にぶつけようとする子どももいる。自傷行為は、幼い子どもにも珍しくない。

興味深いことに、嗜虐性と自虐性のどちらが先に表れるかと言えば、自虐性の方であるケースが少なくない。嗜虐性ばかりが目立つケースは、ある部分、わがままに育てられたケースが多く、本当に虐げられて育った人では、自虐性が強まってくる。

いずれも、愛情不足が根底にあると言えるが、サドのように、他方で過保護な養育が、何でも自分の思い通りになるという万能感を助長し、支配の快感によって、愛情に対する飢餓を紛らわしていることもある。

それを一つのＳＯＳとみてかかわりを増やすようにすれば、早い段階であれば収まってしまう。ところが、さらに強く叱ったりすれば、そうした行動を助長し、やがては、その行動自体が自己目的化してしまうことになる。

悪のスパイラルからの脱出

子どものイタズラから始まって、イジメやＤＶ、虐待、万引きや依存症から自虐性や嗜虐性までを見てきたが、それらの背景には、しばしば共通する問題が見え隠れする。

それは、自分が愛されていないという寂しさであり、欠落したものを抱えているという飢餓感である。それを本来は満たし、癒やしてくれるはずの相互的かかわりが不足しているのである。その結果、自己目的化した快楽の円環に飢餓感を閉じ込めるために、いくら繰り返しても満たされることのない行動に耽り続けるのである。

逆に言えば、この悪循環から脱出するためには、周囲から愛され、認められているという感覚を取り戻すことが必要になる。だが、実際には、こうした悪循環に陥ってしまうと、本人は自己目的化した行為を正当化し続けてしまう。周囲もそんな本人にそっぽを向いてしまい、両者の溝は広がり続けてしまうことになり、改善とは反対の方向に向かっていく。互いの共感や思いやりではなく、どちらの側も、自分の立場に意固地に執着し続けようとする。

だが、幸いなことに、このプロセスはしばしば逆転し、回復に向かうこともある。その場合、逆転を引き起こすためには、二つの要素が重要になるように思う。

一つは、自己目的化した行動によって、快楽よりもはるかに大きな損失が生じているということを認識することである。

作家のミヒャエル・エンデが子どもだった頃、火遊びをしているうちに、それが燃え広がって、森を一つ消失させてしまったことがある。森の所有者が寛大な処置を望んだために、エンデは施設に送られることもなかったが、世間の白眼視に耐えかねて、一家は転居を余儀なくされた。反抗的なエンデ少年も、慎重さを欠いた行動が後で大きなツケを支払うことになるということを学んだのである。その後も、従順な生徒とは言えなかったが、無分別なイタズラはしなくなった。

万引きにしろ、依存症にしろ、暴力や虐待にしろ、心の底から悔いる体験をすることが、その行動を脱するきっかけとなる。

もう一つは、相互的で共感的な関係を取り戻す体験をすることによって、自分を愛し、大切にしてくれる存在がいるのだということを実感し、それによって自分も愛されるに値する存在だと思えるようになることである。

エンデ少年がぐれてしまわずに済んだのは、両親、とりわけ母親の愛情や支えがあったからだ。万引きであれ、依存症であれ、暴力や虐待であれ、自己目的化した悪循環にとらわれている人も、自分を受け止めてくれ、何でも話すことができる存在に支えられ、愛情で満たされることによって、自己目的化した行動に耽ることがもはや虚しいと感じ、相互的な関係に、もっと大きな満足や喜びを見出すようになる。そうなれば、自己目的化した行動は、過去のつまらない習癖として形骸化し、もはやそれにとらわれ続ける意味を失うのである。

第三章 「敵」を作り出す心のメカニズム

ひがみ根性と不幸の連鎖

ロシアの文豪ドストエフスキーは、処女作『貧しき人々』が批評家ベリンスキーから絶賛され、大成功を収める。ドストエフスキーは一躍文壇の寵児《ちょうじ》となったのである。だが、成功は長続きしなかった。ドストエフスキーの不器用で尊大な態度が、文壇のお歴々の感情を害してしまったのだ。彼をあれほど高く評価してくれたベリンスキーさえも、冷ややかな態度をとるようになってしまう。

翌年第二作『二重人格』を発表する。ドストエフスキー自身は、前作以上の傑作だと自信をもっていたようだ。しかし、読者の反応は鈍く、ベリンスキーの批評も厳しいものだった。中には好意的な批評もあったのにもかかわらず、ドストエフスキーはすっかり落胆してしまう。出版社から受け取った前金のために、粗製乱造した作品は、さらに手厳しくやっつけられた。不遇感を募らせたドストエフスキーは、誰に対してもいっそう強情で好戦的となり、文壇からすっかり見放されていくことになる。

ドストエフスキーが自分を見限った文壇や上流社会への鬱憤《うっぷん》のはけ口として接近したのが、ペトラシェフスキー会というフーリエ主義者の集まりであった。ところが、それがさらなる悲劇を招く。国家転覆を企んだとして摘発を受け、ドストエフスキーも逮捕されたのである。軍法会議の結果、判決は銃殺刑だった。刑場に引き出され、最初の三人が柱に縛られて兵士が銃を構えたとき、ようやく恩赦が伝えられ、刑の執行は中止された。

だが、柱に縛られた三人のうち一人は発狂していたという。ドストエフスキーは、四年の懲役刑と兵役勤務に減刑されたが、それから長いシベリア流刑暮らしが始まることになるのである。

失敗や挫折が続くと、とかく人は、失敗の原因が自分よりも周りにあると考え、自分を認めない相手を敵とみなしてしまいが

フョードル・ドストエフスキー
©RIA Novosti/PANA

ちだ。他人の幸福を妬むような、ひがみ根性に陥ることもある。相手の他意のない行動も、自分を貶めるように思え、悪意と解釈してしまう。相手が自分をいじめるのなら、こっちもやり返してやろうとばかりに、非難したり邪魔をしたりする。

そうなると、対人関係も何かとぎくしゃくし、周囲から鬱陶《うっとう》しがられるようになる。人が離れていくので、余計仕事もうまくいかなくなる。ますます幸運やチャンスから見放されてしまう。それが、またひがみ根性を強めてしまうという不幸の連鎖に陥りやすい。

ひがみ根性は、身近でもよく出会う正常心理であるが、それは、少し度が過ぎていくと、たちまち異常心理の世界に足を踏み入れていくことになる。

根拠と結論が逆転する

夏目漱石は、子ども時代里子に出されたり養子にやられたりしたうえに、実家に戻ってからも実父に疎まれたこともあり、ひがみ根性が強かった。松山中学に赴任しても、そこになじめず、そのときの体験をつづった『坊っちゃん』には、土地の教師や生徒に親しみを覚えるというよりも、得体のしれない者として目の仇にする主人公の態度が顕著であるが、それは裏を返せば、漱石が、教師や生徒から疎外感を味わっていたということでもある。

そんな漱石が明らかな異常心理に陥ったのは、ロンドンに留学中のことである。小柄な漱石からすると、背丈の高いイギリス人は、体格からして強い劣等感を抱かせる対象となった。さらに官費から支給される金だけで留学費用を賄わねばならなかった漱石は、経済的にも余裕がなく、社交や外出を極力控えねばならなかったこともあって、次第に下宿にこもりがちの生活となった。真っ暗な部屋にうずくまって、食事もせずに、泣いているという状態にまで陥った。

　下宿屋のおかみである老姉妹は漱石のことを心配してくれていたのだが、漱石はそれはうわべだけで、陰では自分の悪口を言っていると思い込んでいた。「それからまるで探偵のように、人のことを絶えず監視してつけねらっている」とまで勘繰っていた。被害妄想や幻聴にとらわれていたのである。

「気分転換に自転車に乗ってみては」と勧めてくれたのも下宿屋の老姉妹で、同じ下宿にいた日本人留学生が漱石に乗り方を教えてくれたのだが、漱石はこうした親切も、「悪意ある敵」からの責め苦だと受け止めてしまうのだった。

　一刻も早く帰国して、精神を休めることが必要だったと思われるが、そうした状況にありながらも、漱石は帰国費用として届いた金で、取り憑かれたように本を買い漁《あさ》るという具合で、同宿の留学生が心配して、帰国の船のチケットを確保させたほどであった。学問をして業績を上げねばならないという使命感だけが空回りしていたと思われる。

　どうにか帰国した漱石を、妻の鏡子が神戸まで迎えにいくと、特別に変わった様子もない。

ほっと一安心していると、家に戻って四日目に不可解な行動を見せた。娘と火鉢に当たっていた漱石は、火鉢の縁に銅貨が載せてあるのを見るや、だしぬけに娘を怒鳴って殴りつけたのである。理不尽な仕打ちに娘は泣き出し、妻の鏡子にも理由がさっぱりわからなかったのだが、よくよく聞いてみると、次のような思い込みから出た行動だとわかった。以下は、妻鏡子の口述筆記による『漱石の思い出』からの引用である。

「ロンドンにいた時の話、ある日街を散歩していると、乞食があわれっぽく金をねだるので、銅貨を一枚出して手渡してやりましたそうです。するとかえってきて便所に入ると、これ見よがしにそれと同じ銅貨が一枚便所の窓にのってるというではありませんか。小癪《こしやく》な真似をする、堂々下宿の主婦《かみ》さんは自分のあとをつけて探偵のようなことをしていると思っていたら、やっぱり推定どおり自分の行動は細大洩《も》らさず見ているのだ。しかもそのお手柄を見せびらかしでもするように、これ見よがしに自分の目につくところにのっけておくとは何といういやな婆さんだ。実にけしからんやつだと憤慨したことがあったのだそうですが、それと同じような銅貨が、同じくこれ見よがしに火鉢のふちにのっけてある。いかにも人を莫迦《ばか》にしたけしからん子供だと思って、一本参ったのだというのですから変な話です」

銅貨をみて子どもを殴りつけたという行為には、漱石なりに理由があったのだが、そこには根拠の乏しい推定や、まったく無関係な過去の出来事との混同といった、事実を歪曲した認識がみられる。漱石のような優秀な知性の持ち主であっても、明らかな矛盾や誤謬《ごびゅう》に気づかず、そう信じ込んでしまうのである。

極めて明晰な頭脳をもつ人さえもが、明らかに誤った推論に陥ってしまうのはなぜなのだろうか。こうしたケースを数多くみてきて言えることは、自分が貶められているという結論が先にあって、すべての出来事が解釈されるということである。「すべての人間は私を莫迦にしようとしている」という結論があって、目にするすべての出来事が、その根拠として解釈されてしまうのである。

漱石は、その後もときどき被害妄想にとらわれ、妻や子どもに怒鳴ったり、女中を辞めさせたりするようになる。だが、漱石の精神はすっかり破綻していたわけではない。というのも、漱石が次々と作品を書き、作家として名を成すのは、こうした漱石の被害妄想が始まって以降のことだからである。

偶然にも意味がある?

漱石と同じように幻聴や神経衰弱に悩まされながら、それを乗り越えて以降に輝かしい才能を開花させた人に、精神科医のカール・ユングがいる。

ユングは、直観の鋭い人物であった。そうした傾向は、幼い頃から認められたようだ。直感やインスピレーションの強い人にはありがちなことだが、ユングもまた思い込みが強いところがあった。ある直観を得ると、それに揺るぎない力で呪縛され、やがて直観は確信に変わるのである。

まだ三歳か四歳だったとき、母親とボーデン湖の畔《ほとり》に住んでいる友人の家を訪ねた。そのときユングは、果てしなく広がる湖の水に強く惹きつけられた。子どもは水が好きである。ユングもそうだったのだろうが、ユングの場合、その経験は、一つの直観的確信と結びつく。幼いユングは、こう思ったという。自分は湖の畔に住まねばならないと。ユングは後年、その願望を実現することになる。

カール・グスタフ・ユング ©dpt/PANA

妻となる女性と初めて出会ったときも、そうした直観的確信がユングをとらえた。二十一歳

のユングは旧友の一人を訪ねた。そのついでに、かつての知り合いの家を訪ねるように母親から言われる。その家に足を踏み入れたとき、十四歳くらいのおさげ髪の少女が階段を下りてくるところだった。その少女を一目見た瞬間、ユングは、この人が自分の妻になるのだと確信したという。そのことを友人に語ると一笑に付された。無理もなかった。ユングはまだその少女と言葉さえ交わしていなかったからだ。

だが、六年後、ユングは二十歳になったその女性と婚約し、翌年結婚した。

単なる偶然か、特別な意味をもつ出来事かは、その事実を受け取る人の心理的特性に左右される。ユングのような直観の強い人にとって、偶然の出会いも、運命の出会いとして体験され、事実それが運命的な意味をもつようになるということが起きる。ユングは自分自身の体験から、この世に無意味な偶然などというものはなく、すべてには意味があり、それは無意識からのメッセージなのだという考えを発展させていくことになる。

心霊術や夢分析、占星術や曼荼羅《まんだら》といったものへの関心も、集合的無意識と彼が呼んだ人類全体が共有する無意識からのメッセージが、言葉を超えた象徴という形で表れるという考えと不可分であった。そのメッセージの意味を知ることによって、人は自分にふさわしい役割を自覚し、その人らしい人生を実現することができると考えたのである。

過敏性がもたらす幻

しかし、偶然に意味を感じてしまう敏感さは、限りなく異常心理に近い特性でもある。パラボラアンテナのように情報をキャッチし過ぎると、意味のないノイズまで、すべて意味のある情報として受け止めてしまいかねない。単なる偶然にも、特別な意味があるように思えてしまうのである。それは感度が良すぎるレーダーが生み出す幻影《ファントム》のようなものである。

些細な咳払いや隣の人の立てる物音でさえ、過敏な人にとっては、責め苦のような苦しみとなり得る。正常な鈍感さに恵まれている人には、そうした苦しみは想像がつきにくい。咳払いや近所の人の声、すれ違った中学生の笑い声といったものが、自分のことを非難したり、嘲るもののように感じてしまうということは、たまにであれば、正常心理でも起こり得ることだ。しかし、それが毎日のようにその人を苦しめ、はっきりと非難する言葉まで聞こえてくるとなると、異常心理の域に足を踏み入れていると言っていいだろう。

自分がたまたまトイレに行こうとしたときに、隣家のガラス窓がバシンと閉めきられる音がしたとしよう。それを単なる偶然だと思えれば、すこぶる健康な精神状態だと言える。しかし、それを、自分がトイレに行くのに当てつけてそうしたのだと受け止めてしまう人もいる。そう感じ始めると、もう偶然を偶然とはみなせず、特別な意図や関係があるように思えてくる。関係念慮や被害念慮と呼ばれるものである。それが昂じてくると、隣人は自分のトイレの音がうるさいので、トイレに行こうとするとガラス窓をバシンと閉めるのだと妄想的解釈を行ったり、さらには、相手に自分の行動を知られている、見張られているといった思いにとらわれるようになることもある。

たまたま通りですれ違った顔見知りの人が、あなたの会釈を無視して、無愛想に通り過ぎたとしよう。それを、意味のない偶然で、他のことを考えていて、あなたに気づかなかっただけだと思える人はよい。しかし、少なからざる人が、何か偶然以上の意味があったのではないかと、あれこれ気をもむに違いない。

それがエスカレートすると、人とすれ違うだけであなたは緊張し、会釈をすべきか、どうせ無視されるのなら最初から会釈などしないでおこうかと迷うかもしれない。そうした葛藤に悩まされた末に、馬鹿にされまいと相手をにらんでしまうという反応に至ることすらある。実際、それでケンカを売っていると勘違いされ、トラブルになることもある。ついには、外に出ることが怖くなってしまうということも起こる。

哲学者のニーチェもまた、幼い頃から過敏で、子どもの頃から幻聴や悪夢に苦しめられた。二十四歳の若さでバーゼル大学の教授になったものの、学内でも次第に孤立し、頭痛や体調不良にも悩まされる。ついにはうつ状態や被害妄想に陥り、部屋から外に怖くて出られなくなってしまう。大学で講義をすることはおろか、バーゼルの町を歩くこともままならなくなり、三十四歳という若さで、教授の仕事を退いたのである。それから後は定職に就くこともなく過ごした。

ただ、こうした過敏性が、インスピレーションや創造性と表裏一体のものであることも間違いないだろう。ニーチェが後世に名を残す仕事をするのは、大学教授の仕事を辞めてからなのである。

仲間外れに敏感な人間の脳

被害妄想や幻聴は、周囲とのコミュニケーションが不足し、孤立した環境で悪化することが多い。漱石の場合も、最初の悪化がロンドン留学という孤立した状況で起きたことは、必然性をもっていたと言えるだろう。

その後も漱石は、大学内で、あるいは新聞社内で、孤立を味わうことになる。そうした状況の中で、漱石の被害妄想は悪化を繰り返すことになるのである。

ユングの場合も、フロイトと決別して精神分析学会から排除され、孤立を味わう中で、幻聴に苦しめられる時期を過ごしている。自分自身、統合失調症を発病しているのではないかと疑ったほどであった。

ニーチェが大学教授を辞めなければならなくなった背景にも、ワーグナーとの仲違いや他の教授からの孤立が関係していた。

人間は社会的な生き物である。社会的な生き物であるがゆえに、仲間に受け入れられることを強く望む。その期待が破れたとき、強い社会的痛みを感じる。のけ者になることに人間は極めて敏感である。のけ者にされると、脳の中の痛みの中枢が活発に活動するほどである。のけ者にされることは、肉体的な苦痛に劣らない苦痛をもたらすのである。

ある実験で、コンピュータ画面上で、被験者を含む三人がボールをパスするという遊びを行ってもらう。最初は公平にボールが回されているのだが、そのうち、被験者以外の二人だけがボールをパスし合うようになる。すると、のけ者にされた人の脳の中では、痛みの中枢である背側前部帯状回が活発な活動を示した。実は、被験者以外の二人は、コンピュータによって動かされているに過ぎない。そのことを説明して、もう一度同じことをしても、やはり仲間外れにされると、脳は同じ反応を起こすという。つまり、それくらい仲間外れにされることに対して、人間の脳は敏感なのである。

イジメのもっとも一般的な形態が、直接的な暴力よりも無視や仲間外れにすることであるのは、そうした特性を逆手にとったものだと言える。仲間外れにすることは、明白な加害者になることなく、強い苦痛を味わわせることができるからである。のけ者にされる体験は、一時的な苦痛を与えるだけではない。長期的に、その人の心理的構造や脳の働きさえも変えてしまう。

のけ者や仲間外れにされた者は、それが不当な排除であっても、自分に対する評価を下げてしまいやすい。自分はみんなから嫌われる存在で、他人は自分を受け入れてくれないという信念ができあがってしまい、その人のその後の人生を支配してしまう。

イジメにあった人は、自分に自信がもてず、対人関係をもつことに強い不安を感じ、ひきこもってしまうことも少なくない。

だが、漱石の例からもわかるように、被害的な心理状況に陥っていくことは、周囲が原因とばかり言いきれない部分もある。何ら悪意のない出来事を悪意として受け止め、自分から潰れていくという場合もある。周りから締め出されたというよりも、自分から孤立を招くように行動してしまっていることも多いのである。過敏性やプライドの高さのため極度に傷つきやすかったり、物事の受け止め方に偏りがあったりすることも、よくみられる。

「みんなが自分から離れていく」

一人の男性が悩みを抱えて相談にやってきた。男性の悩みは、これまで親しくしていた人が次々と自分から離れていき、自分が孤立していくように感じているということだった。親しくしていた友人や仕事のお得意先とも、次第に疎遠になり、以前のように連絡もくれなくなっているという。母親とも以前からぎくしゃくしがちであるうえに、最近は兄弟とも些細なことからトラブルになり、絶交状態である。ごく最近では、最後の頼みにしていた息子夫婦とぎくしゃくしてきており、どうしてこんなことばかりが起きるのか、自分でもおかしいと思うようになったというのだ。

最近息子夫婦との間で起きたトラブルについて話してもらうと、その男性は次のような状況を話した。息子の従弟にあたる青年が結婚したので、お祝いをしておいた方がいいと、妥当な金額まで伝えてあった。ところが、しばらくして聞いてみると、まだお祝いをしていないことがわかったのだ。そのことで苦情を言うと、その後、お盆だというのに実家に挨拶にも来ない。そこで、実家への盆暮れの挨拶について書かれた本のページを写メールで嫁のケータイに送りつけ、お祝いの件を問いただした。

すると、挨拶には行かせてもらいますが、お祝いの方は特に付き合いがないので、今回はしないつもりだという返事であった。息子夫婦がやってきたら、その件で一言言ってやろうと待っているが、一向にやってくる気配がない。そうした態度を見ても、いったい何を考えているのかと腹立たしく思えて、自分が蔑《ないがし》ろにされているという思いが強まるばかりだという。

この男性の不満の原因は、自分が期待しているように相手が動いてくれないことである。この男性には、もっともな社会常識があり、それにしたがって息子夫婦も行動してほしいと願っている。しかし、息子夫婦、ことに嫁の方には自分の考えがあって、舅《しゅうと》のやり方を押しつけられることに反発しているようだ。自分の言っているのが社会常識として正しいと言わんばかりに、本のページを証拠写真のように送りつけるという行為に、いっそう嫁の方は態度を硬化させているようだ。

この男性の失敗の原因は、自分の期待と、相手の意思が食い違うことを受け入れられず、相手の気持ちがどうであれ、自分の期待を押し通そうとしたことである。その結果、自分が正しいということを主張し、それを証明することにばかり躍起になり、相手の気持ちへの配慮をまったく怠ってしまったのである。

自己絶対視のワナ

この男性の場合、正しく物事は行われなければならないということが最優先されるあまり、相手の気持ちより自分の基準を最優先する自己絶対視に陥っていた。ただ、本人はそのことに気づいていない。この男性は、社会常識に外れた行動をする相手が悪いのだと思っている。

それまで男性が繰り返してきた他のトラブルを振り返ってみると、まったく同じパターンが繰り返されていることがわかった。母親に何かをしてあげたのに、期待したような感謝の言葉もなかったということで、男性はイライラするということが多かった。兄弟との行き違いも、自分のしたことに対して、思うような反応が返ってこないことでいきり立ち、相手を責め、責められた相手は何のことだと逆に怒り出し、縁を切り合うということになってしまった。友人やお得意先とも、相手の反応が心外なものと感じると、黙っていられず、そこからトラブルになるのだった。

自己絶対視に陥った人は、間違っているのは相手の方だと固く信じている。自分の気持ちを踏みにじったのは、相手だとみなしているのである。自分の価値観や流儀と同じことを期待したり、押しつけたりしていることが、問題の原因だということには気づかない。相手に譲歩させるために自分の正しさを証明しようとし、それでもわからない相手を非難することで、問題が解決するどころか、関係自体が破綻してしまうのである。

この男性自身、自分の期待を周囲に押しつけることが、みんなが離れていく原因になっていたことを悟るようになり、後でこう語った。

「周りに問題があるように思って、周りを変えようとしても、そんなことはできないんですね。それより、自分を変えた方が早いんですね」

妄想分裂ポジションと抑うつポジション

対象関係論という領域を切り開いた精神分析家のメラニー・クラインは、乳幼児の観察から二つの特徴的な状態が認められることを見出した。一つは、自分の思い通りにならないと、怒りをあらわにし、相手を攻撃しようとする状態で、「妄想分裂ポジション」と呼んだ。この状態は、乳児期に典型的にみられる状態である。その後、もう一つの状態が発達してくる。それは、思い通りにならない状態に遭遇すると、むしろ自分を責め、落ち込んだ反応を見せる状態で、クラインは「抑うつポジション」と呼んだ。

妄想分裂ポジションにおいては、自分の意志を邪魔をするものは、すべて敵であり、怒りと攻撃の対象とみなされる。たとえそれが、自分の世話をしてくれる存在であろうと、おかまいなしである。つまり、その瞬間瞬間の満足、快不快が優先されるのである。クラインは、そうした瞬間瞬間の快不快に支配された対象との関係を「部分対象関係」と呼んだ。部分対象関係では、一分前まで「喜びの対象」だった存在も、何か嫌なことがあると、「怒りの対象」に、コロッと変わってしまうのである。

一方、抑うつポジションは、不快なことが起きたとき、その原因が自分にあるのではないのかと考える状態である。また、自分にとっての不快さだけでなく、相手にとっての不快さも理解できるようになっている。つまり、抑うつポジションが発達するためには、自分の非を省みたり相手の気持ちを汲《く》みとったりする心の働きが育つ必要がある。ある瞬間や部分だけではなく、全体的な視点で、自分と相手との関係をふりかえることができなければならない。クラインは、こうした対象との関係を「全体対象関係」と呼んだ。全体対象関係が発達するためには、十分な共感が与えられたうえで、自分の非と向かい合う経験をすることが必要になる。逆に言えば、愛情不足も過保護も、全体対象関係を育むのを妨げる。

成長するにつれて、全体対象関係が発達して、部分対象関係や妄想分裂ポジションに陥ることは少なくなるが、人によっては、大人になっても妄想分裂ポジションが優勢なままという場合がある。安心感や共感を与えられず、絶えず責められながら育ったり、イジメや疎外感を味わいながら暮らしてきたりした人では、そうした傾向が強い。

異常心理を理解するうえで、妄想分裂ポジションや部分対象関係は、有用な概念である。自己絶対視の状態は、妄想分裂ポジションの状態と言い換えることもできる。自分だけが正しい基準であり、それを邪魔するものは不快な敵とみなし、攻撃や非難の対象となる。本人の中では、自分が攻撃を受けたと感じており、自分はただやり返しただけだと思っている。

先ほどの例の男性の場合、自分の非に気づき、周囲が問題だと思っていたが、実は自分の振る舞い方や受け止め方に問題があったと気づくことができた。つまり、部分対象関係から全体対象関係へと視点を移すことができたのだ。

実際、心理療法の一つの役割は、部分対象関係の視点を脱して、全体対象関係の視点を獲得することなのである。その過程で、自分の非に向かい合わねばならないのだが、そうすることで修正も起きるのである。しかし、非難されれば自分の非に向かい合えるというわけではない。

自分の非に向かい合うためには、むしろ共感的な支えを十分与えられていることが必要なのである。

「支配感」「征服感」「軽蔑」という自己防衛

異常心理の理解に役立つ、クラインのもう一つ重要な概念についてもついでに触れておこう。誰であれ自分の非に向かい合うというのは、楽なことではない。「自分が悪かった」と素直に言える人は、かなり人間ができた人であり、立派な社会的地位にいる人でさえ自分の非を指摘されると、憤慨したり、言い逃れしたり、もっと最悪の場合には、他の誰かのせいに責任転嫁してしまったりする。その方が、自分が傷つかないで済むからである。

クラインの言い方で言えば、抑うつポジションに陥ることは苦痛を伴うので、それを避けようとする防衛が働くのである。自分の非を受け入れ、自責的で抑うつ的になるよりも、居丈高《いたけだか》に誰かを攻撃する方が楽なのである。クラインは、抑うつポジションを避けるために生じる、こうしたディフェンスを「躁的防衛」と呼んだ。

躁的防衛は、三つの感情に特徴づけられるという。支配感、征服感、軽蔑である。それは、いずれも他者に優越することで、自分を守ろうとする心理的働きがある。他者への優越によって自分を守ろうとする者は、しばしば自分の優れた面を示し賞賛されることで自分を守ろうとすることも多く、その場合は自己愛的防衛と呼ばれる。

つまり、躁的防衛や自己愛的防衛がうまくいっているとき、人は困難を前にしても、落ち込んだり、孤立無援感を味わったりすることなく、自信に溢れているということである。漱石の場合も、作家として文名が高まり始め、大学を飛び出し、筆一本で立っていく決意をした頃が、精神的にももっとも安定していた。ところが、作家専業となり、食うためには書かねばならないという状況に置かれ、しかも一時ほど作品ももてはやされないという中で支援者を失い、新聞社の中でも孤立を味わい始めると、再び精神状況は不安定になり、胃潰瘍も悪化を繰り返し始める。

漱石が、妻や子どもたちに対して横暴に振る舞ったのも、自分の思い通りになる存在を支配することによる躁的防衛の面もあったに違いない。人はストレスを受けた状況では、自分を守るために、もっと弱い立場の者を支配することで自己愛や自己効力感を保ち、心のバランスをとろうとする。それも身近にみられる異常心理への入口である。

性欲か支配欲か

フロイトが、人間を支配する根本衝動として重要視したのは、性衝動《リビドー》であった。フロイトによれば、性衝動はすでに幼い段階から認められ、幼い性衝動がどういう対象と出会うか、どんなふうに満足や不満足を味わうかによって、生涯にわたって持続するその人の嗜好や性格を決定づけるという。

何もかも性衝動で説明しようとすることに違和感を覚える人は、当時から少なくなかった。最初はフロイトの熱烈な信奉者であったアルフレッド・アドラーもその一人であった。

アドラーは、性衝動よりも、むしろ「支配しようとする意志」こそが、人間を突き動かしている根源的な衝動ではないかという考えを強めていく。アドラーはフロイトと決別し、独自の心理学を打ち立てることになる。

支配欲こそが、人間の根源的な衝動であるという考えは、哲学者ニーチェの「権力への意志」こそがすべての存在の根源的な衝動であるという考え方を受け継ぐものである。この考え方は、心理学者エイブラハム・マズローによって裏づけられ、さらに推し進められた。

マズローは、ブロンクス動物園で、類人猿の観察を行っていた。マズローが見たのは、彼らが、多くの時間を相手の上に乗って過ごすことであったが、必ずしも、オスがメスの上に乗るわけではなく、同性の者同士が、相手の上に乗ることもごく普通であった。そのことから、マズローは、類人猿がマウンティングをするのは、性衝動からではなく、支配衝動によると結論づけた。

マズローは、対象を類人猿から人間に移して面接調査を行った結果、女性は支配性向（他者を支配しようとする傾向の強さ）の違いによって、高位、中位、低位の三つのタイプに明確に分かれ、はっきり異なる行動パターンを示すことを明らかにした。

興味深いことに、男女が惹かれ合うとき、支配性向が比較的近い場合が多く、ことに相性がいい組み合わせは、男性の方の支配性向が女性よりも少しだけ強い場合だという。ただし、これは、マズローが研究を行った一九三〇年代に当てはまったことであり、いつの時代でも、それが真実とは限らないかもしれない。

ただ、一般に信じられているように、支配性向が強い男性と支配性向が弱い女性の組み合わせが、相性がよいというわけではないのだ。支配性向の差が大き過ぎると、本気の恋愛や愛情にはなりにくいという。これは、おそらく時代を超えて通用する真実かもしれない。

もし、支配性向が極端に違う方が、相性がいいのであれば、仲のよいカップルはSM的な関係を呈することになるはずだが、そうはならない。SM的な関係に満足を見出す人は、ごく一部なのである。多くの人は、対等か対等に近い関係を好む。支配高位の人が支配中位または低位の人と肉体関係をもつ場合、それは本気の恋愛というよりも、その場の欲求を満たすという色彩が強いという。

支配性向が高位の人が、中位や低位の人をわざわざパートナーに選ぶという場合には、対等な対人関係を築けないといった問題を抱えていることが多い。そのため、自分が圧倒的な優位に立てるような相手をパートナーに選ぶのである。支配性向が高位の人は、支配性向が自分より低い人を思い通りにコントロールすることができる。

それによって、見捨てられるという不安から解放されるし、支配欲求を満たすことができる。その場合、パートナーを召使いのように顎《あご》で使い、気に入らないと怒りをぶつけるという支配―隷従の関係になるか、逆に保護者が子どもに接するように世話をし、すべてお膳立てをするといった、庇護《ひご》―忠誠の関係になる。

いずれにしろ、支配性向が低い側の人には、自分の主体的な意志というものはなく、支配性向が高い方の人が、すべての決定権をもち、相手はただ言いなりになっている。

平和活動家の異常な女癖

イギリスの哲学者で、平和活動などでも活躍し、ノーベル文学賞の受賞者でもあるバートランド・ラッセルは、華々しい公的生活とは裏腹に、私生活は乱脈を極め、スキャンダルすれすれのきわどい綱渡りを繰り返した。四度結婚したが、四度目の結婚は八十歳のときであったことからも知れるように、ラッセルは性豪であった。実際、そのことを自慢げに話すことがあり、ノーベル賞受賞者らしからぬ発言に周囲が眉をひそめることも再々だった。

ラッセルは、性欲と支配欲が結びついた男根ナルシズムと呼ばれるものに取り憑かれていたようだ。このタイプの人にとっては、魅力的な異性は、狩りの獲物のようなものであり、手に入れる過程に醍醐味があり、征服対象である異性自体に関心があるわけではない。征服することと自体が、自己目的化していると言ってもいいだろう。その結果、次々と異性を自分のものにしようとエネルギーを投入するが、ひとたび手に入れてしまうと、急に熱は冷めてしまう。必然的に、恋人や配偶者との関係は不安定なものとなる。

ラッセルが好んで関係したのは、友人や知人の妻であった。色事の世界では、男にとって一番美味な女性は人妻だとも言われるが、ラッセルは、姦通の魔力に取り憑かれてしまったように、次から次に知人の妻に手を付けていった。哲学者のホワイトヘッドの妻も、詩人のT・S・エリオットの妻も、ラッセルの餌食《えじき》となった。それによって、家庭を壊されたり、精神に異常をきたした犠牲者も数多いた。

ラッセルが一人の女性と安定した愛着関

バートランド・ラッセル　©Photo12

係を築けなかったのには、幼い頃の体験がかかわっていただろう。母親は、彼がまだ二歳のときに病死したのであるが、亡くなる前から、両親の間の愛情はやや特異なものであった。夫妻は、上の息子の家庭教師をしていた男性が、結核のため独身生活を送っていることを気の毒に思い、若い欲望を満たせるように妻の体の提供を申し出たのである。最近でこそ「セックス・ボランティア」ということが真面目に論じられたりするが、何しろ百四十年も前のことである。いくら進歩的な合理主義者であるとはいえ、道徳のうるさいヴィクトリア朝の時代に、貴族の令夫人が、夫以外の男性に進んで体を差し出すというのは奇想天外なことで、むしろ、妻と家庭教師の懇《ねんご》ろな関係を、夫が許したと言う方が真相なのかもしれない。

こうした異常とも言える関係が繰り広げられたのは、奇しくもラッセルが生まれて間もないころであった。ちょうど幼いラッセルと母親との間に愛着形成が行われる時期に、母親は、夫以外の別の男性を受け入れていたことになる。そうした状況で、母親のわが子に対する関心は、多少とも上の空なものにならざるを得なかっただろう。当然、当時の貴族の習慣に従って、夫人は早々に断乳し、乳母が代わって乳房を提供したのであろう。

ラッセルの性への執着を異常に強めることになったのは、幼い頃の怪我もかかわっているとされる。ラッセルは、馬車から落ちたときに局所に傷を受けたのだが、その後遺症もあってか、若い頃のラッセルは勃起不全に悩み、そのことがコンプレックスになっていた。

もちろん、その後の性豪ぶりからすると、多分に精神的なものであったと考えられるが、青年の頃のラッセルは、自分の肉体に自信のもてない若者だったのである。

最初の妻は、ラッセルより五歳年上で、セックスに極めて消極的な女性だった。その頃のラッセルの心境としては、都合のよい相手に思えたのかもしれない。しかし、勃起不全が改善し、セックスの喜びを知るようになると、遠慮会釈のない猟色《りょうしょく》へと乗り出していく。性に対するコンプレックスが、過剰に補償されたことによると考えることもできる。中年になって、ラッセルの哲学者、平和活動家としての声望が高まるとともに、活動を共にする取り巻きの女性たちは、彼のハーレムと化していったのである。

女性に対する飽くことなき征服欲求の根底には、安定した愛情の絆を誰とも築くことができないという欠陥があり、本来のゴールにたどり着くことなく、これまで見てきた自己目的化した行為と同様、出口のない反復強迫にとらわれるしかなかったのである。

このタイプの人は優れた能力と自信に満ち、世間的には華やかな存在であるが、身近に接すると共感性に欠け、他人の痛みにはまったく無頓着であることを思い知らされる。

私的生活においては平和主義とは正反対と言うべき人物が、世界平和活動家として高い評価を受けるというのは、よく出会う皮肉な現実であろうか。

愛情不足と劣等感が、病的な自己愛を生む

ラッセルよりも一世紀前に活躍したロマン派の詩人バイロンもまた、肥大した自己愛をもてあました人物だが、ラッセルよりももっと不安定で、波乱万丈の人生に才能と命を浪費した。

女性との関係も、ラッセル以上に歪んでいた。バイロンは対等な本来の愛情関係をもつことができず、自分が優位に立てる関係を好んだ。売春窟の娼婦や彼の崇拝者、おぼこい娘や農夫の妻、元尼僧といった、およそ彼の本当の理解者としては力不足の相手を、愛人やパートナーに選んだのである。

こうした性向の背後には、何があったのだろうか。案の定、バイロンは、ラッセル以上に不遇な幼年時代を過ごし、強いコンプレックスを抱え、親との間にも深い愛着の傷を抱えていた。父親ジャックは、「マッド・ジャック」と呼ばれるほど破天荒な人物で、賭博と女性遍歴に明け暮れた。父親としてしたことと言えば、母親の財産を食いつぶした末に、他の女と駆け落ちしていなくなったことと、前の妻との間にできた異母姉を残していったことくらいである。最期は自殺だったとも言われている。

わが子とはいえ、自分を捨てた男の子どもに対して、女性は複雑な気持ちを抱きがちなものである。ことに男の子の場合、自分を捨てた男の面影と重なり、元夫への否定的な思いを、知らずしらずのうちにわが子に投影してしまうことがある。バイロンの場合も、そうした典型的

なケースであった。

その状況をさらに強めたのは、バイロンが、右足の奇形のため歩行が不自由だったことである。母親は、厄介者を見るような目をわが子に向けていたという。周りの子どもからも、からかいやイジメを受け、バイロンの少年時代は不幸なものだった。

バイロンの異常なまでに肥大した自意識や高すぎるプライドといった歪《いびつ》なナルシズムは、幼い日にちやほや育てられた後で、みじめな暮らしを味わったことに由来するものであろう。身体的な劣等感も、女性との対等な愛情を信じられない傾向を生んだ。

しかし、そのまま貧困の淵に沈んでいれば、バイロンも、その才能をどこまで開花できていたかはわからない。

ところが、運命はバイロンをバイロンたらしめる出来事を用意する。従兄弟が戦死したうえに、その四年後、男爵だった祖父も亡くなったため、バイロンは莫大な財産を爵位継承権とともに受け継ぐこととなったのだ。十歳のときのことである。バイロンは、田舎の広壮な邸に引っ越し、パブリック・スクールの名門ハロー校で教育を受け、ケンブリッジ大学へ進むこととなる。表面的には、貴族の御曹司であったが、彼の心の不安定な部分が癒やされたわけではなかった。

その根底にあったのは、今日で言えば、アイデンティティの危機であったと言えるだろう。

父親の不在や母親との冷淡な関係に加えて、身体的な劣等感ともからんだ醜貌恐怖や自己不全感もあった。もっと平たく言えば、自分は女に愛されないというコンプレックスだ。

バイロンは、性的にはバイセクシャルであり、男性にしか興味がない純粋なホモセクシャルではなかった。つまり、男性への性的関心は、女性への性的欲求の代用物として発展した面もあったように思える。対等な性関係がもてない人では、自分よりも年下の男性、ときには子どもや幼児に関心を示すというケースもみられる。バイロンの場合も、自分よりずっと年下の、十代半ばの男の子を相手に選んだりした。

バイロンが、およそ自分のパートナーとして似つかわしくない女性を好んで愛人にしたのにも、バイロンのコンプレックスが作用しているように思える。自己愛の権化のように思える人が、しばしば不釣り合いな相手を伴侶や愛人に選ぶが、肥大した自己愛の陰には、劣等感が潜んでいることを示している。

なぜパートナーの幼児虐待を止められないのか

対等な愛情よりも、思い通りに支配することに満足を見出すバイロンやラッセルのような人物は、多数派ではないが、決して稀ではない。逆に言えば、優越した存在に支配されることに喜びを見出す人たちも少なくないということでもある。

バイロンやラッセルのような、ある面において魅力的な才能を備えた人物に惹かれ、神のように崇め、言いなりになったとしても、大して驚きはないだろう。だが、現実はもっと不可解な様相を呈する。必ずしも、魅力的な存在に対してだけ、そうしたことが起きるわけではないのである。

サドの妻は、夫が放蕩《ほうとう》を重ね、破廉恥《はれんち》な罪によって投獄されたとき、脱獄するのを手伝い、一時、サドを自分の城館に匿《かくま》っていた。サドの倒錯した楽しみに手を貸したとさえ伝えられている。この妻は、夫に忠実であろうとし、それを社会の一般的な価値観よりも優先したのである。

そうしたことは、今日もしばしば起きる。パートナーにそそのかされて、犯罪の片棒を担いだうえに、パートナーの罪までかぶってしまった女性を、私は何人も見てきた。また、最近目に付くのは、年上の女性が、若い男の愛人の言いなりになって、わが子が虐待されるのを止めることができず、ときには加担さえして、わが子を死なせてしまうという事件である。

実際、支配性向の高い男性にコントロールされた支配性向中・低位の女性が、犯罪の片棒を担いでしまうというケースは多いものである。

これらのケースの深層で起きていることは、共通している。相手の愛を失いたくないという思いから、支配され、言いなりになり、あるいは自ら犠牲になろうとする。こうした人では、支配されることが、逆に安心となっている。そうした人は、幼い頃から横暴な親に支配されるか、自分を守ってくれる親という存在が、欠落していたかのどちらかであることが多い。

妬みは人間の感情の中でもっとも強烈

しかし、支配性向が低位の人も、ただ支配されるばかりで満足し、支配欲求を自ら満たすことを断念したわけではない。支配性向が低い人も、やはり支配欲をもつのである。その欲求を満足させるための解消法の一つは、さらに力が弱い存在を支配することである。

支配性向がそれほど高くない人の場合、大きな集団の中では、まったく目立たない存在だが、支配性向の低位の人とカップルになると、相手を思い通りにすることができる。その結果、外の世界での振る舞いと、家庭内での振る舞いがまったく異なるということも起きる。配偶者や子どもといった存在を思い通りにすることによって、支配欲求を満たすのである。

もう一つは、支配する存在に自分が同一化することによってである。つまり、パートナーが暴君のように自分を支配しているとしても、暴君のように君臨するパートナーに自分を同一化することによって満足を得るのである。

三番目は、集団の力による支配である。その人自身が支配性向低位であっても、優勢なグループに属することで、少数派に優越することができる。支配性向の高い人が率いるグループに属したり、同一化することで、一対一なら敵わない相手であっても、自分の方が優位に立ち、支配欲求を満足させられる。イジメや迫害から権力闘争、覇権をめぐる戦争に至るまで、支配と優越をめぐる戦いが糸を操っている。

そこで暗躍するのは、妬みや怨嗟《えんさ》といった感情であろう。前出の哲学者ラッセルは、妬みは人間の感情の中でもっとも強烈なものだと述べている。ラッセルによれば、市民革命や共産主義革命を引き起こし、ここ何世紀かの政治を動かしてきたものは大衆の妬みであった。フランス革命では、多くの者が妬みによってギロチンの露と消え、ナチズムではユダヤ人が、スターリン体制や中国の文化大革命では知識人や中産階級が、次々とスケープゴートにされたのである。

すべての人間がライバルである競争社会は、格差の広がりとも相まって、妬みを増幅させやすい環境を作り出している。本来、共同体を活性化し、共同体全体の幸福のために行われていた競争は、勝者となる個人が利益を独占するために行われるようになる。

妬みは、そうした勝者による利益の独占に対する警鐘《けいしょう》という社会生物学的な意味をもっているのかもしれない。妬みが起きることによって、一部のものの独り占めによって、共同体全体の幸福を損なうことに掣肘《せいちゅう》が加えられるのだろう。

しかし、それも度が過ぎてくると、ライバルの成功は、たとえそれが組織や共同体の繁栄にとってプラスになるものであっても、個人の幸福を脅かすものとして受け取られる。その結果、同僚やライバルの成功に対する嫉妬は強まりやすくなる。

ライバルの成功は、自分の失敗だと感じる人が多くなる。実際、職場イジメが増加していることが指摘されているが、できない社員だけでなく、できる社員への露骨な嫌がらせが少なくない。そこにも、低位の者のねじまげられた支配欲求が潜んでいると言えるかもしれない。

支配は中毒になる

十年ほど前に『es［エス］』というドイツ映画が話題になったことがある。これは、一九七〇年代にアメリカのスタンフォード大学で行われた集団心理実験、いわゆるスタンフォード監獄実験を下敷きにしたものである。大学の地下に作られた実験用の監獄に、新聞広告の高い報酬につられて応募してきた二十人の男たちを、囚人役と看守役に分けて、二週間過ごさせるというものである。

囚人と看守の間には次第に緊張感が生まれ、実験だということを忘れて、激しい感情的な対立が起きる。看守役は自分の職務に忠実であろうと、囚人役に対して抑圧的に接するようになり、一方、囚人役は屈辱と怒りから、無用の反発を繰り返すようになり、ついには暴走し始めるというストーリーである。

実際に行われた実験でも、看守役は囚人役を服従させようとして罰を与えるようになり、倉庫に閉じ込めたり、バケツで排便させたりした。囚人と看守の間には不信と被害妄想が生まれ、それがさらに行動をエスカレートさせた。素手で便所掃除をするように強要したり、従わないと暴力までみられるようになった。一人が精神錯乱を起こし、もう一人も不安定になって実験を離脱。弁護士の介入により、実験はわずか六日間で中止されたが、看守役たちは中止することに抵抗したという。

この実験は、社会的役割というものが、個人の性格や感情を超えて、その人の行動を支配する一例として扱われることが多い。こうした現象を社会心理学では、「非個人化」と呼ぶ。看守役が、いつのまにか看守の任務を厳格に全うしようとしただけでなく、囚人役もいつのまにか、囚人のように振る舞い始めたのである。

だが、別の見方をすれば、それは社会的役割という以前に、支配と被支配の争いだということもできるだろう。看守役は、支配するという快感に次第にのめり込んでいった。一方、囚人役は、社会的役割に支配され、自分から囚人らしく振る舞おうとしたというよりも、看守役から、そうすることを要求され、服従を強いられるうちに、囚人らしい振る舞い方に陥っていったと解することもできるだろう。

最後まで、看守役の方が実験の中止に抵抗したことも、看守役にとって、それが経済的のみならず、心理的報酬を伴うものであったことを推測させる。

スタンフォード監獄実験は、人間には支配しようとする強い衝動があり、それが密室的な状況では、暴走しやすいことを示すものである。家庭内暴力や虐待、イジメにおいては、まさにこの状況が現出していると言える。支配する側は、あたかもそれが正当な「務め」のように思い込み、相手に服従を求め、刃向かえば暴力をふるう。それが長期間にわたって続いてしまいやすいのは、暴力によって支配する側が、支配という快感を得るからであり、表沙汰にならない限り、そうした行為をすることによって不利益や苦痛といった罰則が生じないからである。

権力の座に就いたものが、それを手放したがらないのも、そこに麻薬的な報酬が存在するからだと考えれば、納得がいく。

「問題児」扱いすると何も解決できない

人間に潜む支配したいという欲求は、支配に逆らい抵抗する者に対して、敵視や怒りを生む。

特に、他人と同じでないことに対して敏感な日本社会では、他の子と足並みをそろえない子どもは、「問題児」とみなされてしまいやすい。数年前に、ある中学校で教師が一人の女子生徒を「黒い羊（厄介者の意）」呼ばわりしたと受け取られる発言をして、騒動になったことがあった。

「黒い羊」という言い方は不穏当だとしても、子どもを「問題児」扱いするということは、学校であれ家庭であれ、しばしば起きている。親はいつのまにか、わが子を、「白い羊」と「黒い羊」に分け、色眼鏡で見ているという説もあるほどだ。

言いつけを守る「白い羊」は可愛く、反抗的で、意に従わない「黒い羊」は憎たらしい。わが子といえどもそうだとすれば、赤の他人となれば、なおのことだろう。自分の意のままにならない存在を、厄介者としてみるという心理が、人間の心に潜んでいることは否定しがたい事実だろう。

人を育てる仕事をするうえで、もっとも重要なことの一つは、「問題児」という見方を克服し、そうした視点にとらわれないだけの心構えをもつことである。なぜ、「問題児」という視点が好ましくないかと言えば、それは子どもを傷つけるというだけでなく、「問題」の改善を妨げるからでもある。「問題児」という見方をした瞬間に、もう問題はよい方向には向かわず、どんどんこじれていくのである。

これは、「クレーマー」とか「モンスターペアレント」といった呼び方をされる人への対処においても言えることであり、そうした呼び方をしている時点で、すでに問題の解決を困難にする心理的プロセスにはまり込んでいる。

相手が「問題児」や「クレーマー」「モンスターペアレント」だと思って接すると、相手の言うことなすことは、すべて不当なこととして受け取ってしまいやすい。警戒心から、ごく普通の要求を、あれこれ理由をつけて拒否したり、不信感むき出しの、防衛的な対応をしてしまいがちだ。そうなると相手はますます不満や苛立ちを強め、要求のボルテージを上げてくるということになる。これもすべて、相手を「黒い羊」だとみなす先入観の産物なのである。「問題児」だという思い込みは、人の判断を必要以上に過酷なものに歪めてしまうこともある。

人を思い通りに支配しようとすることは、先に述べた妄想分裂ポジションに陥ることと同義なのである。それゆえ、人を支配しようとする者は、人の悪を疑うようになり、妄想的になってしまう。多くの権力者たちが、猜疑心と妄想にとらわれてしまったのも、そうした心理的なダイナミズムゆえだと言えるだろう。

第四章 正反対の気持ちがあなたを翻弄する

人間の二面性が誤解を生む

シェークスピアの悲劇『リア王』は、年老いたリア王が三人の娘に領地を分配する場面から始まる。リア王は、どれくらい娘たちが自分のことを愛しているかを聞いたうえで、領地の配分を決めようと言う。長女や次女は抜け目なく父親への愛と感謝を語り、王を満足させる。

ところが、末娘のコーデリアは、本心では父親のことを一番大切に思っていたが、口に出して、それを語ることに抵抗を覚える。姉たちの空々しい言葉を聞くと余計にその思いは強まる。リア王は末娘のコーデリアを一番可愛がっていたので、どんな言葉がコーデリアの口から語られるか期待していた。ところが、コーデリアは、何も言うことはないと言ってしまう。リア王は激しく怒り、コーデリアには何も与えなかったばかりか、その場で親子の縁を切ってしまう。

リア王の王国は二分され、二人の姉とその夫のものとなる。リア王は二人の娘の間を一カ月ごとに往復して過ごすことになるが、もらうものをもらってしまった娘たちは、次第に父王に対して冷淡になり、リア王は、ついに、どこにも身の置き所がなくなってしまう。自分の判断の過ちに気づいたときには、ときすでに遅く、リア王は絶望して発狂、国は乱れることとなる。

悲劇のそもそもの原因は、コーデリアが姉たちのように歯の浮くようなセリフを口にすることに反発を感じて、素直に父親に対する愛情を言葉にできなかったことからだった。姉たちは、本心にもないことを平気で口にできたが、コーデリアは、逆に、本心にある思いを口にできなかったのである。

ところが、耄碌《もうろく》したリア王は、口にした言葉だけが、本当の気持ちだと受け取ってしまった。本音と建て前、本心と言葉が二面性をもつということを、老いたリア王は見抜けなかったのである。

ある意味、コーデリアもリア王も、人間の二面性を理解し、上手に扱うことに失敗しているという点では似ていると言える。コーデリアは、父親のそうした特性を一番受け継いでいたがゆえに、心の中の思いとは裏腹に父親を激昂《げっこう》させ、父親と絶縁する結果になったとも考えられる。

どちらも気性が真っ直ぐで、誠実だが、その一方で強情で、我の強い面をもち、一面的な見方にとらわれてしまいやすいのである。物事には、相反する側面があるということを受け入れることができず、どちらか一方の見方に立つと、自分の立ち位置でしか物事が考えられない。

対立のように見えることも、それは言葉の綾《あや》でしかなく、本質は別のところにあるのだということを念頭において、高い観点から事態を俯瞰《ふかん》し、賢明な行動を選択することができない。

コーデリアにしても、自分では自分の気持ちに誠実に振る舞っているつもりになっているが、それによって、リア王の気持ちに何が起こり、結果的に双方にとって不幸を招くということが見えていない。つまり、この一瞬の意地を貫くことが、双方にとっての長期的な利益や幸福を守ることよりも優先されてしまうのである。

真っ正直でウソがつけず、誠実な性格というものは、その意味で面倒を引き起こしやすい一面をもつと言えるだろう。それは、心に二面性を抱えられないという内面的構造の単純さに由来する問題であり、語弊を恐れずに言えば、ある種の未熟さを示していると考えられる。

人間は正反対の気持ちを同時にもち得る

こうした悲劇は特別なことではない。形を変えて、毎日のように至る所で起きている。心の中では好意を抱いているのに、逆に相手を困らせるようなことをしたり、ときには攻撃したりいじめたりすることもある。本心では、自分のそばに来て優しくしてほしいと思っているのに、「こっちに来るな。顔も見たくない」と、本音とは反対のことを口にしたりする。そんなふうに言われた相手は、うわべの言葉にとらわれてしまい、自分を嫌っていると思ってしまうかもしれない。どちらか一方が、もっと大きな視野から事態を冷静に見て行動することができれば、そうした悲劇は防げるのだが、どちらも似た傾向を抱えているとき、誤解が誤解を生み、悲劇的結末を用意してしまう。

こうした状況を生じさせているのは、一つには、人間は本心とは違った行動をとることができる能力、つまり欺きの能力をもっていることによるが、さらに問題を複雑にしているのは、人間は同時に正反対の気持ちを抱えるという性質をもつことによる。

ある瞬間やある面では、相手を愛し、求めているが、別の瞬間や別の面では、相手を嫌い、拒否するということが起きるのが、人間の心なのである。

相反する気持ちを同時に抱える特性は、両価性と呼ばれる。この両価性が、人間の行動を極めてわかりにくくしている。常識的な心理からは不可解と思えるような行動に出会った場合に、しばしばからんでいるのが、この両価性なのである。人間の異常心理を理解するうえで、両価性は、鍵を握る重要な概念であるだけでなく、少しわかりにくい正常心理を理解するのにも、大いに助けとなる。

もちろん、両価性が強い人とあまり強くない人がいることは事実である。同じ人でも、ときと場合によって両価性が目立たない場合と強まる場合がある。悩んでいる問題や未解決な問題にかかわるとき、人は両価性が強まった状態になりやすい。というのも、そもそも悩みというもの自体が、両価的な迷いやジレンマに由来していることが多いからだ。

結婚に踏み切るべきか、止めておくべきかで、人が悩むのは、どちらか一方に心を決められないからである。どちらにもメリットとデメリットを認めるとき、人は両価的なジレンマに陥る。

どちらか一方を選びきれず、判断を引き延ばしたまま、時間稼ぎをするということも起きる。こうした両価的ジレンマにとらわれているとき、相手からすると、その行動はわかりにくいものになりやすい。ともに過ごすことを楽しむ様子を見せる一方で、冴えない表情を浮かべたりする。将来の夢を情熱的に語るかと思えば、しばらく会えないかもしれないと言ったりする。方向感が見えにくいので、周囲は振り回されてしまうことになる。

いったい何が起きているのか、相手はどう受け止めたらいいのかと戸惑う。愛されているのか、嫌われているのか、どう理解したらいいのかわからず、混乱してしまう。

方向感がみえないとき、そこには、まず間違いなく両価的なジレンマが潜んでいるとみていい。両価的ジレンマ自体は、誰にでもみられる正常心理の範囲内であるが、さまざまな異常心理の苗床《なえどこ》ともなる。両価的ジレンマにうまく対処し、異常心理の領域にまで踏み込んでしまわないためには、人間のもつ両価性というものの性質とその扱い方を知る必要がある。

何かを強制すると、後で必ず反動が来る

両価性の一つの性質は、一方の気持ちにだけ肩入れして、そちらに誘導や無理強いしようとすると、しばしば反対のことが起きてしまうということだ。

ロミオとジュリエットの愛が、命がけのものに高まっていくのは、二人の愛が禁じられたものであるからだ。禁止からエロティシズムが生まれるというバタイユの理論は、少なくともある面では真実なのだ。

「おお、ロミオ、ロミオ！　どうしてあなたはロミオなの！」と、運命の不条理を嘆いても、その気持ちはいや増すばかりなのである。

ときには、恋愛感情さえないときに、「好きになってはいけない」と言われたために、好きになってしまうということも起きる。作家ドストエフスキーの二番目の妻となったアンナ・ドストエフスカヤは、ある日、速記学校の先生から、口述筆記のために人を欲しがっている作家がいると告げられる。その作家というのがドストエフスキーで、不当な契約により、期限までに長編小説を一つ書き上げなければ、すべての著作権を失うという切羽詰まった状況におかれていた。そのとき、アンナは二十歳、ドストエフスキーは四十五歳であった。

ドストエフスキーに初めて会ったときの印象は、陰気でイライラしているというもので、アンナは幻滅を感じ、恋愛感情など入り込む余地もなかった。ドストエフスキーにはてんかんの

持病があり、おまけに多額の借金を抱え、扶養家族も大勢いた。アンナは、作家の窮状を知って懸命に協力するが、無論それは飽くまで仕事としてであり、また作家に対する尊敬の念からであった。

ところが、そんなアンナに、結婚していた姉は、こう忠告したのである。「そんな男を好きになってはダメよ。どうせ一緒になれないし、病気もちの、借金まみれの男となんか、一緒にならない方が幸せなんだから」と。

アンナは、姉の言葉に反発し、そんな気持ちは毛頭ないのにと、心の中で自問自答しているうちに、かえって自分の気持ちを意識するようになり、ドストエフスキーに対する恋愛感情が芽生えていくことになったのである。

好きになってはいけないと身構えることで、逆に好きになってしまう。抵抗や禁止を受けると、それに逆らおうとする気持ちが強まってしまうということは、ありがちなことだ。両価性の強い人では、特にそうしたことが起きやすい。

男性Fさんに好意を打ち明けるか迷っていたS子さんは、親友のN子さんから、実はFさんのことを好きなのだと先に打ち明けられる。それなら自分は身を引こうと決意し、二人の仲を取り持とうとさえする。だが、ある日S子さんは、今までになかった大胆さでFさんを誘惑し、関係を持ってしまう。S子さんが抱えていた両価的な迷いが、一方の気持ちを抑制されたことによって反動を生み、限界を超えた瞬間、思いがけない行動となって弾けたのである。

こうした両価性は、恋愛に限らず、さまざまなところでみられる。親の期待に無理に従わせようとすると、そのときは従ったにしろ、後で必ず反動が来る。不登校の子どもに学校に行くように迫ると、もっと行けなくなり、登校をせき立てる親に対して暴力をふるうようになる。

会社に行けないサラリーマンも同じだ。本人自身、行かねばならないという気持ちと、行くのが不安だという気持ちの間で両価的葛藤にとらわれている。行かねばならないということばかり言われると、かえって、行くのが不安だという気持ちが強まってしまう。

妻から「私にばかり押しつけないで、もっと家のことに協力してよ」となじられた夫は、言われる直前まで協力したいと思っていたとしても、逆に協力なんかしてやるかという気持ちになってしまう。夫の中には、協力できずに悪いなという気持ちと、自分なりに協力しているという気持ちがあった場合、協力できていない点だけを非難されると、両価性の天秤が一気に、逆に傾いてしまうのだ。

頭ごなしに問題点を指摘し、改めさせようとすると、問題がどんどんこじれていきやすい。そのやり方が、人間の両価性をまったく無視しているためだ。言っている方も言われる方も意固地になり、問題解決に至るどころか、関係自体がこじれてしまいやすい。

よい子に育った人に多い「おぞましい想像」

心の両価的性質を無視して、一方だけを強制していると、思わぬ異常心理を生むこともある。不安の強い女性に多いのだが、自分がひどいことをしてしまうのではないか、大きな罪を犯してしまうのではないかと、本気で心配するというケースがある。真面目な話をしているときに、不謹慎なイメージや考えが浮かび、それを実行してしまうのではないかと不安になることもある。

多いのは、小さい子どもやペットのような小動物を、誤って傷つけてしまうのではないかと心配するケースである。抱いていて落としてしまうのではないかとか、寝ている間に押しつぶしたり、窒息させてしまうのではないか。刃物の手元が滑って、子どもやペットに突き刺さってしまわないか不安になったりする。ときには、イライラして子どもを窓から放り投げるとか、ペットを壁に叩きつけるとか、もっと残虐なことをしてしまうといったイメージが勝手に頭に浮かんでくる場合もある。

そうしたことがあると、大抵の人は、自分の心の中にはそうした願望があるのだと思って愕然とし、それを実際にやってしまうのではないかと不安にかられる。

ただ、幸いなことに、そうした考えやイメージを思い浮かべ、それに罪悪感や不安を抱く人が、そうした行動を実際にやってしまうことは、まずないと言っていい。実際にそうした行動をしてしまう状態においては、そうした考えやイメージを思い浮かべても罪悪感や不安を伴わない。むしろ、快感や高揚感を覚えるものだ。

虐待や暴力のイメージの他にも、性的なイメージが、勝手に浮かんでくる場合もある。真面目な話をしている最中に、こうしたイメージを思い浮かべてしまった人は、自分でもショックを受け、隠微な秘密を抱えてしまったような心境になる。

自分の深層心理に、そうした願望が潜んでいるのではないかと、真剣に悩む場合もある。苦しんだあまり、それを打ち明けると、そのことで逆に誤解されるということも現実に起きる。

これは、こうした考えやイメージの意味について、一般人は無論、専門家でさえも、あまり認識も理解もないことによる。

こうした卑猥なイメージや冒瀆的な考えが侵入し、その人を戸惑わせるという「症状」は、そうした行動と無縁な人ほど起きやすいのである。淫らなことや邪悪なことへの抑制が強い人ほど、正反対のイメージや考えに苦しめられるということになりやすい。

そうしたことを考えることはよくないことだ、そんなことを思い描くだけで悪いことだという気持ちが強いと、皮肉なことに、そうしたおぞましい想像が活発になってしまいやすい。

そこには、人間心理の両価性がからんでいる。一切の邪悪や不道徳を排除しようとすればするほど、邪悪で不道徳な考えやイメージが強まってしまうのだ。

無理に取り除かず、ありのままを受け止める

「悪い考えにとらわれないように」と言えば言うほど、とらわれてしまうことも多い。こうした強迫観念に限らず、大抵の問題行動というのは、止めるように言えば言うほど、悪化していく。常識的な対応をすることは、両価性の原理からすると、わざわざ問題を強化しているに過ぎないのである。

両価的な状態を扱う場合の基本は、一方だけに偏った言い方をしないことである。むしろ、「それでいいんだ」と受け止めることが大事になる。「邪悪」な考えを異常視して、取り除こうとするのではなく、多くの人にみられるものだとして、ごく普通のことだと受け止める。むしろ、それも意味があることなのだと肯定的に見方を変えていくくらいがいい。

抑えようとする気持ちが薄らいだ方が、そうした観念はあまり強く起きてこなくなりやすいし、起きてきたとしても、そのことで罪悪感に駆られることが減っていく。

逆に、一日十個、もっとおぞましいことを想像してみるように課題を出すという治療も、実際に行われる。これは逆説的治療と呼ばれるもので、むしろ問題とされている行動を、もっと行うように指示するもので、その結果、そうした衝動が弱まっていく。

この原理は、強迫観念だけでなく、さまざまな行動上の問題にも当てはまる。どちらも、そ

うした考えを無理やり排除させ、いい方の行動だけを起こさせようとしても効果はなく、あべこべなことが起きてしまう。

重要なことは、問題を無理に取り除こうとしないことである。むしろ、それをまずありのままに受け止めるということがポイントになる。一方の側に加担せずに、中立的な立場を心掛ける。むしろ反対側の天秤に重りを載せるようにする。

たとえば、夫が、仮にあまり協力的でないとわかっていても、「忙しいところ、いつも助けてもらって、ありがたいと思っているわ。それで、また協力してもらえると、すごくうれしいんだけど」という具合に、反対の側の天秤に重りを載せると、自然にお目当ての方の天秤が持ち上がって、気持ちよく協力してもらえるのである。

会社に行かないといけないが、行けなくなっているというような、両価的葛藤が強い場合はなおさらである。行くべきだという気持ちに肩入れすれば、本人はますます行けなくなる。

そうならないためには、両方の気持ちを、中立的に受け止め、本人の選択に任せた方がよい。「苦しい思いをするのは、あなただから、あなたが決めたらいいのよ」という姿勢である。

強情や意地っ張りとは何か

素直に振る舞える人と、つい意地を張ってしまう人がいる。同じ人でも、場合によって素直に振る舞えるときと、張らないでもいい意地を張ってしまうときがある。

意地を張っても明らかに損だとわかっているときでも、楯を突いたり、自分の言い分に固執しようとする。それで余計に攻撃や非難を受け、散々な思いをするのだが、そうしないではいられないのだ。その人自身も、なぜそうした衝動に駆り立てられるのかはわからない。

だが、「これをしなさい」と言われると、余計に「するもんか」という気持ちになってしまう。正反対のことをして、相手を苛立たせようとすることもある。相手の言っていることがもっともだとわかっているときでも、唯々諾々《いいだくだく》と受け入れるのが腹立たしい。

素直な心の状態というのは、自分だけでなく相手の気持ちを汲んだり、それに配慮できる状態である。その意味では、共感的な心の状態だと言えるだろう。

それに対して、意地を張ってしまう状態というのは、相手の気持ちよりも、自分の気持ちにとらわれており、相手の気持ちを汲みとったり、配慮したりすることができなくなっている。一時的であれ、共感性を失って、自分の気持ちや考えにだけ固執した、我執《がしゅう》の強まった状態である。共感と我執という二つの状態の間で、多くの人は揺れているのであるが、多くの異常心理は、この我執に由来する部分が大きいのである。

では、この我執、自己への執着とは何だろうか。これが多くの人を苦しめ、人生の道を踏み誤らせたり、取り返しのつかない事態を引き起こしたりするのだが、自分にこだわるということとは、どういうことなのだろうか。

デンマークの哲学者セーレン・キルケゴールは、『死にいたる病』という名高い著書の中で、絶望した人間に見られる一つのタイプとして、「絶望して自分自身であろうと欲する絶望」があることを記載している。絶望して、絶望した自分にとどまることは苦痛でしかないのだが、それでも、その状態に敢えて固執しようとするのである。この心理は、まさに傷ついた人が意地を張って、回復を拒む心理だと言える。それを続けることは不利益だとわかっているのだが、そうし続けることに、自分の存在を賭けてしまうのである。

これは、先に述べた否定された自己に自ら固執し、自己否定を自己肯定に変えようとするのと同じ防衛戦略であり、否定されることがむしろ自己目的化しているといえる。その根底には深刻な自己否定があり、それを自己絶対視の驕《おご》りによって埋め合わせているのである。我執にとらわれた人は、一方で何も信じず、一方で肥大した自己愛の楼閣を築くというバランスの悪い状態に陥っている。強情さに、妄想分裂ポジションや病的なナルシズムが同居しやすいのは、こうした理由からである。

このような切り換えのできない状態は、近年の脳機能レベルの理解から言えば、前頭前野によるコントロールが低下して、扁桃体などから生じるネガティブな情動を抑えきれなくなっている状態を反映したものだと考えられる（Salzman & Fusi, 2010ほか）。前頭前野によるコントロールが弱くても、扁桃体などから沸き起こってくるネガティブな情動が激し過ぎても、我を張りやすい状態になり、素直な気持ちになりにくいのである。

つまり、我を張った状態というのは、脳があまりうまく機能していない状態、機能不全に陥った状態なのである。我執というのは、決して高尚な状態ではないのだ。それは、高次の状態というよりも、低次の状態に転落した状態なのである。我執の我とは、高尚な自己というよりも、もっと低次元の本能的な自己愛であり、我執にとらわれた状態とは、未熟な自己愛に振り回された状態なのである。

では、未熟な自己愛にとらわれた状態に、人はなぜ陥ってしまうのだろうか。陥りやすい人がいるとすれば、それはなぜなのだろうか。それに対する最新の研究が示す一つの答えは、幼い頃の不安定な愛着や心の傷によって、前頭前野によるコントロール機能の発達が阻害されやすいということであろう（van Harmelen et al., 2010ほか）。

天邪鬼になる心理

強情と関係が深いものに、逆説的な反応、つまり天邪鬼な反応がある。わざわざ相手が望むことと正反対のことをするのである。

誰であれ、機嫌を損ねて、素直な気持ちになれないときというのがある。そんなとき、いつもなら相手の気持ちを考えながら行動するところを、わざと相手の神経を逆なでするような行動をとったりする。これも天邪鬼な反応の一つである。

また、素直になれない人にみられやすい行動パターンの典型は、自分の本心とは反対のことを言ったり、したりすることである。本当はその人のことを愛しているのに、相手のことを貶《けな》すような言い方をしたり、せせら笑ったりする。「これ、欲しいんじゃないのかい?」と尋ねられて、図星を指されたのに、「そんなもの欲しいわけがない」と相手の言葉を否定する。本当は相手に甘えたり、優しくされたいのに、相手を非難し、困らせるようなことをする。

こうした反応は誰にでもみられるが、そんなとき、しばしばその人は自分が愛されていないと感じている。愛されていないという思いが素直な反応を阻害し、天邪鬼な反応を誘発しやすくなるのである。当然、愛情不足の中で育った人、もっとも典型的には重度の愛着障害を抱えているような人の場合、天邪鬼な反応が起きやすくなる。愛情を求めていても、それを素直には表現できずに、相手を困らせるような仕方で表してしまうのである。

そうした心理の背景には、いくつかの要素がかかわっている。

その一つは、自分の方が心理的優位に立とうとする気持ちである。愛されていることに確信がもてないとき、こちらから愛を求め、相手の思惑に従属することは、相手の優位を認めることであり、受け入れられないのである。

自分の優位にこだわろうとする場合、素直に本心を吐露することは弱みを見せることであり、危険極まりない。正直に愛を求めるよりも、攻撃したり無関心に徹した方が、自分の心理的優位を維持しやすい。愛されていないと感じているときには、なおさらである。

もう一つの要素は、愛を求めたりすれば、拒絶されるのではないか、裏切られるのではないかという疑心暗鬼の念と、そこから生じる先回りの心理である。自分は愛される価値がないと思い込んでしまっているため、どうせ愛されずに嫌われるのならば、こちらから先に嫌われることをしてやろうという心理が働くのである。

こうした先回りの心理は、最初は愛情をくれた人にも、問題行動を繰り返すため疎んじられ、見捨てられたという状況を強迫的に再現させてしまう。その事態を本人はどうみているのかと言えば、愛情をくれた人も、最終的には自分を見捨てるので、先を見越して問題行動を起こしたのだと、原因と結果が入れ替わってしまう。異常心理の多くには、外傷的な状況の強迫的再現とともに、こうした因果律の逆転が認められる。

そこに、さらに三番目の要素として、自分が愛されていないという思いや、自分の気持ちをわかってくれないという苛立ちから生じる怒りや攻撃的な気分がからんでくる。怒りや攻撃的な気分は、冷静に状況や相手の気持ちを推し量るのを困難にし、その瞬間の自分の傷ついた思いに支配されるままに、相手の期待に反したことをあえてしてやろうという、反共感的な行動に向かわせるのである。相手が期待していることが手に取るようにわかるがゆえに、それに反したことをしようとするのである。

これら三つの要素が主にからまり合って、天邪鬼な反応が誘発されることになる。思いやりのある成熟した人格ならば、天邪鬼な反応に出会っても、それが本心でないと手に取るようにわかるのだが、そうした点に相手も未熟さを抱えていると、表面に現れる言葉や行動だけに驚き、真に受けて、愕然とするということになる。怒りや拒否、力づくの強圧という反応に駆り立てられることも多い。そうなると、双方が傷つけられたことに対して「許せない」という気持ちを引きずり、どんどん関係はぎくしゃくし、ついに破綻するということになりがちだ。

根っこは幼い頃の愛着にある

天邪鬼が、相手の思惑の反対ばかりをする、ひねくれた小鬼を意味するように、それが、最初にみられるのは、小さな子どもの段階である。「魔の二歳児」と呼ばれるように、この時期最初の反抗期が現れやすく、程度の差はあれ、こうした傾向が認められる。わざと反対のことをしたり、必ず「いや」と言って、言われたことをしようとしなかったりする反応を示すのである。

一定割合の子どもでは、こうした傾向が強く、しかも長く持続する。それ自体は、異常というわけではないが、そうした従順でない子どもは、概して育てるのが大変だということは言える。

こうした不従順な傾向と関係しているのが、不安定型愛着パターンであり、それには、抵抗／両価型、回避型、混乱型といったタイプがある。愛着パターンは本人の気質など生来的な要因による部分よりも、母親との関係を反映した部分が大きいと考えられている。

抵抗／両価型は、母親に甘えたいのに、素直に甘えられなかったりして、母親を求める気持ちと母親を拒否する気持ちがアンビバレントに認められやすいタイプである。母親の気分によって甘やかしたり拒否したりする場合や、過保護で、「いい子」を求め過ぎ、子どもの行動を神経質に縛り過ぎる場合などに認められやすい。母親の関心やかかわりが、子ども本位というよりも、母親本位になっていることが根本的な原因にあると言えるだろう。

回避型は、母親に甘えようとしないタイプで、母親からかまってもらうことを期待していない、ネグレクトされた子どもに多いが、一方的に支配され、情緒的かかわりが乏しい場合にもみられる。母親ではなく祖父母などが主に面倒を見ているという場合も、母親に対しては回避型の愛着パターンを示す場合がある。母親の関心やかかわりが、絶対的に不足していることによると考えられる。

混乱型は、抵抗型と回避型の両方の特徴が無秩序に認められるもので、虐待を受けている子どもに典型的に認められる。いつもびくびく母親の顔色をうかがい、甘えようとするが恐々だったり、また別のときには、まったく母親に対して無関心な反応を示す。母親の関心やかかわりが不安定であると同時に、攻撃的、侵襲的であるため、本人の安全感が著しく侵害されている状態だと言える。

こうした不安定型愛着の子どもに共通して見られやすい問題が、素直さに欠け、意地っ張りになり、わざわざ相手を怒らせるようなことをしてしまうということである。

ところが、不幸なことに、こうした幼い子どもの強情さや、素直でないという面にぶつかると、親や大人たちは、「何という強情な子だ」「どうして素直に言う通りにしないの」と怒り出し、その強情さを矯《た》め直そうとして、厳しく叱ったり、ときには体罰を加えたりしてしまいやすい。

ただ、本を正せば、素直でなく意地っ張りなのは、愛情不足や過干渉からきているわけであるから、それで叱られたり、折檻《せっかん》を受けたりすると、その強情さは直るどころか、ますます輪をかけて強情になり、素直とは正反対の性質を示すようになる。

この段階で、それは異常心理と呼ぶものではないが、それが時間とともに、次第に極端に先鋭化することで、それから何十年か経つ頃には、反社会的な行動をとることに生き甲斐を感じるようになり、誰の目にも明らかな異常心理を形成していくことになりかねない。

こうした傾向がもっとも顕著にみられるのは、虐待されたり親から捨てられたりして育った、愛情不足の子どもである。愛情不足によって、ひねくれるという言い方を昔からするが、このひねくれがあると、逆説的反応が起きやすくなる。

なぜ、愛情不足の子どもは、素直でなくなり、逆説的な反応をしやすくなるのだろうか。求めれば、愛情が返ってくる状況に置かれた子どもは、安心して愛情を求めることができる。つまり素直に甘えられるのである。しかし、愛情を求めても、放っておかれたり、あべこべに手痛い仕打ちが返ってくると、愛情を求めることは甲斐のないことどころか、危険なことになる。素直に愛情を求めると、裏切られたり、ひどい目に遭うということを何度か味わえば、子どもは本心を抑えてしまい、本心とは違う行動をとるようになる。そうして気持ちと行動が、素直にそのままつながらずに、逆につながってしまうということも起きるのである。これが逆説的な反応の起源だと考えられる。

近年の脳機能の研究によれば、愛着に傷を抱えた人では、過去に受けた否定的な体験のために、ネガティブな情動にかかわる扁桃体の活動が活発になりやすい。もちろん、そうした体験があっても、その後の体験や成長によって、それが補われている場合は、前頭前野によるコントロールを獲得し得るだろう。

ただ、疲労やストレスによって、前頭前野のコントロールが低下したとき、扁桃体に刻まれた否定的体験から生じるネガティブな情動を抑えきれなくなり、思いがけない攻撃性や感情の爆発が起きやすいと考えられる。

逆説的反応は、嗜虐性や解離と結びつきやすい

逆説的反応も、異常心理の一つの入口である。相手が望むことや期待することとは反対のことをするということは、さらに突き進んでいくと、より病的な心理に入り込んでいく。嗜虐性やサディズムといったものは、相手に苦痛を与えることに喜びを感じるわけだが、天邪鬼な反応にも、相手を戸惑わせ、落胆を味わわせるという意味で、嗜虐性の萌芽がみられる。

動物虐待や残虐な場面への嗜好といったものは、虐待を受けた愛着障害の子どもに、時々みられる。ただ、虐待などにより重度の愛着障害を抱えた人では、むしろ強い自己否定と自己破壊的な衝動を示すことが多い。外に破壊性を向けるよりも、自分自身に破壊性の刃《やいば》を向けやすいのである。

こうした深刻な自己否定は、知らずしらず自分を損なう行動へと、その人を駆り立て、常識的に考えると、なぜそこまで自分を貶めねばならないのかと理解に苦しむような異常心理を引き起こす原因となる。

さらに、両価性や逆説的反応は、もう一つの異常心理へとつながっていく。それは、次章で取り上げる解離である。もう一人の自分が、ついにコントロールを失って、独り歩きを始めてしまうのである。

第五章　あなたの中のもう一人のあなた

脱け出すもう一人の自分

近年、出会うことが多くなっている異常心理の一つは、解離である。

解離とは、記憶や意識、人格が不連続な状態を示すもので、一般によく知られているもので言えば、記憶喪失とか、多重人格といったものである。記憶喪失は、正式には、解離性健忘と呼ばれ、ある期間の記憶を失ってしまう。

それまでの人生のすべての記憶を失うものを、全生活史健忘という。といっても名前や職業、家族などに関する個人的な記憶は失うものの、物の名前などの言語や一般的な知識、衣服の着方や車の運転の仕方といった動作の記憶を失うわけではない。個人情報だけが削除されるわけだが、考えてみれば、一般的な記憶にも、個人的な記憶がさまざまな形でからみ合い、浸透しているはずで、個人的な記憶だけをそんなに都合よく忘れられるものではない。解離性健忘の特徴は、自分にとって思い出したくないところだけを器用に忘れてしまう点である。思い出さないことで、つらい事実と向き合うのを避け、自分を守っているのである。

解離が起きるとき、その間の記憶がしばしば脱落しているが、さらに意識や人格の不連続性が存在することも多い。つまり、普段のその人からは想像できないような、思ってもみない行動をすることもある。


一九九三年の六月のある晩、ヴァージニア州マナサスに住む一人の男性が、妻の待つ自宅に帰った。男性はパーティで痛飲し、かなり酔っていた。その状態で、夫は妻と無理やり関係した。夫人のロレーナはベッドから抜け出してキッチンに水を飲みに行った。カウンターにあった肉切り用ナイフを目にしたとき、ロレーナの脳裏には、これまで夫から受けた暴力の記憶がよみがえってきたという。ナイフをつかんだロレーナはまだ裸のまま眠っている夫に近づき、ペニスに切りつけたのである。ペニスはちょうど真ん中あたりで切断された。

ロレーナはその直後、血まみれの夫を残して、切り取ったペニスを持ったまま部屋から飛び出した。自動車をしばらく走らせ、窓を開けると、携えてきたペニスの断端を捨てた。それからロレーナは、我に返り、車を停めると救急車を呼んだのだ。幸運なことに、捨てたペニスは、懸命の捜索の末、発見され、病院に運ばれた。十時間近い手術の末、切断されたペニスはつなぎ合わされた。

その後の捜査や裁判の過程で、ロレーナの夫は、結婚して以来四年間というもの、性的、身体的、精神的虐待を妻に繰り返していたことが明らかとなった。妻に無理やり中絶させたこともあった。ロレーナは、夫のペニスを切り取ってから、救急車を呼ぶまでの記憶がないと主張した。

判決では、ロレーナはPTSDに伴う心神耗弱状態にあったとして、罪に問われなかった。犯行時、ロレーナが解離状態にあったことが認定されたのである。ロレーナはその後回復し、ドメスティック・バイオレンスの被害者を支援するための団体を設立している。

悪魔憑きからヒステリーまで

解離という現象が、最初に知られるのは、まず憑依《ひょうい》状態としてであった。十八世紀の後半、ヨハン・ヨーゼフ・ガスナーという祓魔師《エクソシスト》が、痙攣《けいれん》発作を繰り返すため修道院を追われた二人の尼僧の治療に成功したことが記録に残っている。解離状態は、当時、悪魔憑きとして理解されていた。

医者として解離現象を最初に扱った人物は、ウィーン大学で医学を修めたアントン・メスメルである。メスメルは内科医として成功し、ウィーンの名士となった。四十歳のとき、メスメルは激しいヒステリー発作を繰り返す二十七歳の女性の治療に、鉄を含んだ薬を飲ませ、磁気を帯びた石を張りつけるという方法で成功する。

だが、これは磁気そのものの効果というよりも、メスメル自身の確信から発する暗示効果によるものであった。後にメスメルは、磁石は用いず、自分の手をかすかに動かすだけで患者を自在に操れるようになった。いわゆる催眠術（当時は動物磁気と呼ばれた）というものが誕生したのである。

ウィーンでもパリでも、最初は驚嘆をもって迎えられ成功するが、やがて既存の医学界からの攻撃にさらされ、メスメルの評判は失墜する。

最初の多重人格の患者が現れるのは、メスメルが没落し、催眠術が表舞台から、いったん退場した直後の十八世紀の終わりであった。そして、十九世紀にかけて、ちょうど今日と同じように精神疾患の急増という現象がみられ、解離症状も非常に増えるのである。

そうした中で、動物磁気は新たに催眠治療として復活し、それを医学的に完成させたのが、メスメルからほぼ一世紀のちに活躍した、フランスのシャルコーである。シャルコーは、心因性の麻痺や記憶喪失を、器質性のものと明確に区別し、ヒステリーと呼んだ。

シャルコーは、みごとな手腕で診断と治療を行ったため、ヨーロッパ医学界のスーパースターとなった。しかし、根っからの神経科医であったシャルコーは、解離という現象がどういう心理的メカニズムで起きるのかということについては、ほとんど関心を払わなかった。

「心理分析」の誕生

解離現象の心理的メカニズムを最初に解明しただけでなく、治療にも成功したのは、シャルコーの後を継いだ、ピエール・ジャネである。ジャネは、最初哲学の道に進み、教授になってから心理学を学び、さらに精神科医になった人である。

ジャネがその理論と方法を確立するうえで、大きなきっかけとなるケースに出会ったのは、彼がル・アーブルの精神病院で研修を行っていたときのことだった。それは、十九歳のマリーという女性のケースで、病院に連れてこられてきたときには、重症の精神病で回復不能とみなされていた。

マリーの症状は、生理が近づいてくると、痙攣発作と意識の混乱をきたし、また、ときには恐怖にとらわれて、「血だ」といった言葉を叫び、発作が頂点に達すると、吐血することもあった。生理が終わる頃には発作も収まるが、その間の記憶はなく、その後には、感覚麻痺や腕の筋肉の拘縮、左目がまったく見えないという症状が残った。そしてまた、生理が近づいてくると同じ発作が繰り返されるのだ。

この困難なケースを、ジャネという天才は、薬も使わずに回復させてしまうのである。

ジャネがまずしようとしたことは、何がきっかけでこうした症状が始まったかを明らかにすることだった。しかし、マリーに訊ねても、彼女はすっかり忘れているのか、それを思い出すことができなかった。

そこで、ジャネは、当時、医学的治療として使われていた催眠を行い、マリーに同じことを質問した。催眠状態のマリーは、最初に生理がきたときの戸惑いやその後起きたことを話した。彼女は生理というものを恥ずかしいものだと思い込んでいて、それを止める方法として聞きかじっていたやり方を実行したのだ。それは、冷たい水を溜めた桶に浸かるというもので、彼女は激しい身震いに襲われ、その直後に意識が混乱をきたしたものの、荒療治の甲斐あって、本当に生理は止まってしまい、それから五年間もこなかった。

ところが十八歳になったある日、再び生理がやってきて、それから先に述べたような症状を繰り返すようになったのである。ジャネは、マリーの症状は初潮が来たときの心理的混乱を再現しているものだと分析し、そのことへのとらわれがマリーの不可解な症状を引き起こしているのではないかと考えた。

マリーのとらわれは、生理に対する羞恥心と拒否する気持ちであり、そこにさらに、それを止めようとして冷水浴をしたことに対して、取り返しのつかないことをしてしまったという思いもあった。ジャネは、そうした思い込みを、催眠状態で取り除いたのである。

その効果は覿面《てきめん》だった。マリーは次の生理のときには、まったく意識の混乱をきたすこともなくなったのである。だが、それだけで満足せずに、ジャネはさらにマリーの回復を完全なものにするため、マリーのとらわれを探っていった。

その結果、マリーが十六歳のとき、老婆が階段から飛び降りて自殺するのを目撃したことがあり、そのときの衝撃を引きずっていることが明らかとなった。恐怖の発作にとらわれ、「血だ」と叫んでしまうのは、そのときの光景がよみがえってくることによるものだった。

同じように催眠状態で、その老婆は実は助かって死ななかったという暗示をかけると、マリーの恐怖発作は起きなくなった。

さらに、ジャネは、左目が見えないという原因を探ろうとしたが、これは前の二つの症状以上に困難だった。というのも、問題の出来事が起きたのが、さらにずっと昔で、マリーがまだ幼い頃のことだったからである。

だが、ジャネは催眠をかけて、マリーを五歳の時点にまで遡らせると、彼女の左目の視力は正常であることを見出した。その後で何かが起きたのだ。

やがてマリーは、六歳のときのある出来事を再現する。顔の左半分に膿痂疹《のうかしん》ができた女の子と同じベッドで嫌々ながら寝かされたことがあって、しかも、ショックなことに、マリーの顔にも同じように、左半分だけ膿痂疹ができたのだ。ジャネは、その女の子が最初から膿痂疹などもっていなかったという暗示をかけた。すると、マリーの左目の視力は回復してしまったのである。

ジャネは、他にも多くの難治と思われていたケースの治療に成功し、豊かな学識とともに、ヨーロッパ中に轟《とどろ》くほどの名声を獲得することになる。

ジャネは、こうした方法を「心理分析」と呼んだ。「心理分析」という言葉は、今では一般にもお馴染みになっているが、元々はジャネが作り出したものなのである。

二つのとらわれ……「固定観念」と「固着」

ジャネの有名な理論の一つは、人間の行動が「意識下固定観念」によって左右されるというものである。今日、「固定観念」という言葉も日常用語となっているが、その生みの親もジャネである。

固定観念は、言い換えれば、「とらわれ」と言うこともできるだろう。

意識下固定観念とは、自分では自覚しない無意識のとらわれということになる。ジャネは、心の傷やショッキングな出来事が意識下固定観念を生み、それが知らないうちに、われわれの行動を支配し、ときには不可解な行動に走らせると考えた。

フロイトは、さらに「固着」という概念を導入する。固着は、心的外傷を受けると、その発達段階に心的なエネルギーがとどまってしまう現象である。つまり、固定観念が、とらわれた思考という心理学的な概念であるのに対して、固着は時間軸をもつ発達的な概念である。

フロイトによれば、乳児期に心的外傷を受けると、口唇期（おおむね0歳〜満2歳）と呼ばれるもっとも原初的な段階に固着を生じ、快不快に支配されやすい性格を呈しやすいとされ、トイレット・トレーニングをする肛門期（おおむね満2歳〜4歳）と呼ばれる時期に傷を受けると、この発達段階への固着を生じ、吝嗇《りんしょく》で、執着の強い性格になりやすいとされた。

フロイト一流の汎性理論のために、せっかくのアイデアが狭められてしまった感はあるが、性理論の部分を外して考えれば、確かに、満たされなかった時期へのこだわりをもち続けるという点で、固着という概念も、一つの真実を言い当てたものに思える。

一方、ジャネの固定観念も、百年以上のときを経て、今もその意義を失わないだけの輝きを保っているように思える。人は強い印象を受ける体験をすると、そこから生じた固定観念にとらわれるということも真実ならば、もしそれが幼い頃の出来事で、それによって強い不満足を味わったならば、それが生じた時期を引きずってしまうというのも真実なのだろう。

心の傷は、その人を縛る意識下固定観念を生み、また、幼い頃ならば、その発達段階への固着を生じ得るのである。どちらも、とらわれの形だと言える。

とらわれを脱却することとは、固定観念から自分を解放することであると同時に、幼い時期への固着から自由になり、成熟のプロセスをやり直すことでもある。

人を支配するコンプレックス

ジャネの固定観念は、フロイトやユングに受け継がれ、さらに発展することになる。ユングは、「意識下固定観念」という語の代わりに、「コンプレックス」という用語を用いた。このコンプレックスという言葉も、今では日常用語となっている。最初に用いたとき、ユングは、「gefühlsbetonter Komplex（感情に彩られた複合体《コンプレックス》）」という言い回しを使ったのだが、コンプレックスという言葉だけが広まったのである。

ユングが最初に使った言い回しにも示されるように、この用語は元々、観念に感情が結びついたものを表していた。ユングがコンプレックスの存在を発見したのは、自ら考案した連想検査を行う中においてであり、被験者に言葉を次々聞かせて、その言葉から連想する言葉を答えさせる。ところが、言葉によって、すぐに答えられなかったり、連想する言葉が奇妙だったり、もう一度後で連想した言葉について聞いてみると、自分の答えを覚えていなかったりすることに気づいた。

さらに、そうした言葉について、連想したことを話してもらうと、心の中に何らかのひっかかりやわだかまりをもっているということを見出したのである。それらは好意などの陽性の感情のときもあるが、心的外傷に伴う陰性の感情と結びついていることが多かった。そして、当の本人はそのことを自覚していないか、忘れているということもしばしばだった。

つまりは、強い陰性感情と結びつくことによって、余計に強力にその人の行動や意識上に表れる思考を左右していたのである。コンプレックスは、ネガティブな情動を伴った無意識的なとらわれだと言えるだろう。

いずれにしても、コンプレックスは、その人の意識的人格に統合しきれていない、感情に彩られた記憶の複合体で、その成立には強烈な過去の体験がかかわっている。統合しきれていないのには、そうすることを困難にする理由があり、多くの場合は何らかの外傷体験がかかわっていると解すべきだろう。

誰もが心の中にとらわれをもち、知らずしらずそれに操られている。厄介なのは、多くの場合、本人はそれを自覚しておらず、無意識的に行動を支配されているということである。

とらわれは、さまざまな異常心理の原因となり得る。東電OL殺人事件の被害者の女性も、岸田秀氏やガンジーも、それぞれのとらわれを抱え、意識するしないにかかわらず、それに強く行動を支配され、第三者からみると行き過ぎに感じる行動に駆り立てられていたのである。

無意識の存在が姿を現すとき

通常は、このコンプレックスは、その人の心の本体からすれば小さなしこりのようなものであり、表面に姿を見せることもなく、意識しないところで影響を及ぼすだけである。しかし、ときには、このコンプレックスが前面に出て来て、主役の人格に取って代わってしまうことがある。それが人格解離という現象だと言える。

ただ、ここで注意すべきは、解離にもさまざまな段階があるということだ。一般に多重人格として知られるものは、解離性同一性障害（ＤＩＤ：Dissociative Identity Disorder）と呼ばれるものであり、ＤＩＤと診断されるためには、その人格になっているときには、別の人格のことをまったく認識していないという交替人格が存在することが要件となる。

確かにＤＩＤと診断できる状態の頻度は低い。しかし、そこに至るまでの中間の段階の状態は、案外身近に起こり得るものなのである。多重人格や解離といった現象と、自分は無縁だと思っているわれわれも、面倒な会議がある日、会社に行こうとすると頭痛がしたり、胃が痛んだりする。ショッキングな体験をすると腰が抜けてしまったり、子ども返りして幼い子どものような振る舞いをしたりする。催眠術や加持祈禱にかかりやすい人では、トランス状態に導入されると別人のような喋り方になったり、獣のような鳴き声を発したりすることもある。

これらも、解離と連なった状態なのである。まず自律神経や運動神経のコントロールがうまくいかなくなり、ついで、記憶や意識、人格といったもののコントロールも失っていく。

もっとも身近に起き、頻度の高いものは、本人も自覚していない気持ちが体の症状となって表れる身体化症状や転換症状である。身体化症状は自律神経の調節がうまくいかず出現するもので、頭痛、めまい、胃痛、動悸、過呼吸といったものが典型的である。それに対して、転換症状は、運動神経や知覚神経のコントロールが一時的に破綻するもので、立てない、歩けない、声が出ない、倒れる、痙攣するといった症状が代表的である。

自分の経験から「心の病」を学んだユング

カール・ユングは、後に魅力的で、極めて有能な臨床医として活躍するのだが、小さな頃は他の子どもと遊ぶのを好まず、突飛なイタズラをしたり、空想の中のことと現実を混同したりする、一風変わった子どもだった。今なら、「発達障害」という診断をされていたかもしれない。

それでも、地元の小学校に通っていたうちは、父親が牧師だったこともあって、ある程度、特別扱いされて守られていた。ところが、十歳になって、バーゼルの町のギムナジウムに通い始めると、周囲はもっと裕福で、社会的地位も高い家の息子ばかりだった。ユングは、穴のあいた靴をはいて学校に通わなければならない自分が貧乏な家の子どもだということを、身に染みて味わうようになった。そんな気おくれに加えて、学業での挫折感も重なった。図画や体操が苦手で、みじめな思いを味わったうえに、代数がちっとも理解できなかったのだ。

おまけに、教師たちも、ユング少年を劣等生扱いし、彼のプライドはズタズタになった。もう学校は嫌でたまらないところになっていた。ユング少年にとって、大きな危機が始まることになる。

十二歳のとき、他の生徒に突き飛ばされたユングは、歩道の縁石で頭を打ち、意識を失った。その瞬間、彼の脳裏を、もう学校に行かなくて済むという考えが駆け抜けたという。以来、意識を失っては倒れるという発作が、ユング少年を襲うようになった。しかも、そうした発作が起きるのは、必ず面倒な課題を課せられるときだった。

シャルコーがヒステリーと名づけ、今日では転換症状と呼ばれる状態を、ユング少年は呈し始めたのである。転換症状は身体症状を引き起こすことによって、心的ストレスを表現するだけでなく、何らかの「疾病利得《しっぺいりとく》」を得る。ユング少年の場合も、両親は半年間ギムナジウムを休ませることにしたのである。

ユング少年は誰にも邪魔されず、好きな遊びや読書をしたり、マンガを描いたり、空想に耽って時間を過ごせる身分となった。そうして自由に時間を過ごしながらも、ユング少年の気持ちは晴れなかったという。「自分から逃げていることに何となく気づいていたのだ」。ユングの病状を診察した医師たちは、てんかん発作かもしれないと言い、だとすると、当時の医学では完治する見込みはなかった。両親は悲観し、息子の将来を案じていた。ある日、ユングは父親が訪問客にその心中を打ち明けるのを、それとなく耳にする。

しよう。

「もし医者が言うような病気なら、あの子はもう自活することもできないだろう」

そのとき、ユング少年の心の中で再び何かが起きた。彼自身が自伝に記している言葉を引用

「わたしは雷にでも打たれたかのようだった。これこそ現実との衝突であった。『ああ、そうか。頑張らなくちゃならないんだ』という考えが頭の中をかけぬけた。

それ以来、わたしは真面目な子供になった。静かにその場を離れ、父の書斎に入り、自分のラテン語の教科書を取り出し、身を入れて勉強しはじめた。一〇分後、失神発作があった。椅子からもう少しで落ちるところだった。だが、何分も経たないうちに再び気分がよくなって、勉強を続けた。「こん畜生！　失神なんかするものか」と自分に言い聞かせて、そのまま先へと進んだ。およそ一五分もすると、二度目の発作が来たが、最初の発作とおなじく過ぎていった。「今こそ、まっしぐらに勉強するぞ！」と、わたしは頑張った。そしてさらに半時間後、三度目の発作が襲ってきた。なお、わたしは屈服せず、もう半時間勉強した。ついに発作が克服されたということを実感した。急にこれまでの何か月にもまして気分が良いのを感じた。事実、発作はもう二度と繰り返されなかった。その日以来、わたしは毎日文法書と練習帳で勉強した。数週間後、再び登校するようになった。学校でも発作に襲われることはなかった。魔法

はすっかり解けた」(『ユング伝』村本詔司訳)

自分自身の経験からユングは、心の病というものがどうして起き、どうすれば克服できるのかを学んだのである。その回復は、他人のために生きることによってではなく、このままでいいのかと自分自身の心に問いかけ、自分自身の意志で、自分自身のために生きようと決意したとき、もたらされたのである。

二つの人格をもっていたユング

だが、ユング少年は、すっかり困難を克服したわけではなかった。彼が前向きに学業に取り組み始めても、そんなにやすやすとは成果も出ないし、周囲の評価が変わるのにはもっと時間がかかったからである。ユング少年が頑張って書いた作文を、教師は「盗作だ」と決めつけたこともあった。教師がそういう言い方をすれば、他の生徒も、ユングが不正を働いたという目を向けた。ユング少年は深く傷ついた。それが彼の実力だということを認めさせるためには、まだ何年もの努力を要したのである。

そうした中で自分を支え続けることは、並大抵ではない。また病気に逃げ込むことは容易だったはずだが、ユングはそれを自分に許さなかった。一方でそうした無理は、ある意味、もっと深い病理をユングの心に引き起こしていたのである。

ユングは、十二歳のときから、二つの人格をもつようになったことを、自伝で告白している。それぞれの人格を、ユングはナンバーワン、ナンバーツーと呼んで区別している。初めてそのことに気づいたとき、ナンバーワンの人格は、ユングと同じ十二歳の自信のない中学生の人格であったが、ナンバーツーの人格は、百年前から生きている老人で、高い社会的地位をもち、極めて冷静沈着に物事を判断し、落ち着いて行動することができるという特性を備えていた。

第二の人格が現れたのは、先にも述べたように、非常に苦しい状況においてである。学業の面でも成績優秀とはいかず、級友から孤立し、教師からも否定され、すっかり自信をなくしていた。しかも、予後不良とされる病気のため学校を長期間休んでおり、将来が危ぶまれる状況にあった。

そんな折、ユングはルツェルン湖畔に家をもつ親しい家族とともに、夏の休暇を一緒に過ごしていた。ユングは小さい頃から、イタズラ好きで、無分別なところがあったが、十二歳になっても、つい無鉄砲なことをしてしまうこともあった。その日も、危険なことをしないように注意されていたにもかかわらず、ユングは、オール一本だけで、ゴンドラ風にボートを漕ぎ、湖に漕ぎ出したのである。

たちまち悪事は露見し、ユングはその家の主人から手ひどく叱られた。主人の説教はもっともなものであったので、ユングはしょげるしかなかったのだが、同時に、自分を侮辱されたことに対する激しい怒りに取り憑かれていた。その瞬間、ユングは、怒りにとらわれている自分が、おどおどして自信のない十二歳の中学生とは、まったく別の人格をもった存在であることを、ありありと感じたのだという。

「この私は、単におとなであるばかりでなく、同時に偉そうな、権威者であり、公職と威厳をもった人であり、老人であり尊敬と畏怖の対象でもあった」（『ユング自伝―思い出、夢、思想―』河合隼雄・藤縄昭・出井淑子訳）

そして、ユング少年の脳裏には、「私が現に、二人のそれぞれちがった人間であるということが心に浮んだ。一人は、代数がわからなくて自信のもてない生徒であり、もう一人は、偉そうにした権力者で、軽んじられてはならないこの工場主と同じくらい有力で勢力のある男だった。この『もう一人』は、十八世紀のバックルのついた靴をはき、白いかつらをかぶった老人で、後の車輪が高く、くぼんでいてバネと皮ヒモの上に箱が吊してある弾み車にのってドライブしているのだった」（同）

ファンタジーを帯びた「第二の人格」が、ユング少年の中にはっきりと誕生した瞬間だった。だが、それは単なる空想にとどまらず、ユング少年の人格の中では、確たる存在でもあった。ユング少年は、「私が同時に二つの年齢を生きていること、そして二人の違った人間であること」に強くとらわれ、それゆえに苦しむこともあった。

「私は自身を、一方ではあまりにも小さいと感じ、他方では、私の『第二の人格』が私に吹き込んだあの権威を揮《ふる》うのではないかと怖れていた」(同)

この第二の人格は、ユングが医学生になっても、精神科医になっても、ずっと彼の中に残った。これは、ユングが「老賢者」と呼んだ原型的なイメージをもつ人格だとも言えるが、むしろ、今日一般に受け入れられている考え方からすれば、補償的に生じた人格の解離として理解できるだろう。

無力で劣等感の強い、貧しい中学生の人格が強い屈辱を味わう中で、その劣勢を補うべく、高い地位と権威と力をもち、何ものも恐れない威風堂々とした存在でありたいという願望が、もう一つの人格を生み出したのである。

ユング自身はその関連を否定しているが、ユング家にまつわるある風説と無縁ではないように思える。ユングの祖父は、ユングと同じ名で、カール・グスタフ・ユングといったが、この教授だった祖父が、文豪ゲーテがイタリアに遊んだときの落胤《らくいん》だったという噂が存在したのである。

人格の解離が起きたのは、このことを耳にするよりも前だとユングは述べているが、そうした記憶が当てにならないことは、多くの例から知れるところだ。どこかで耳に触れていた可能性は否定できないだろう。実際、ユングは、自分がゲーテの生まれ変わりのように思っていた節がある。十八世紀に生き、高い地位と権威をもつ第二の人格が、老ゲーテをモデルにイメージしたものであっても、何ら不思議はないだろう。

だが、解離した人格のモデルが何であるかということは、人格の解離を抱えているということ自体に比べれば、さほど重要な問題ではないだろう。解離した人格を抱えることが、大きな精神的な外傷の結果であることは、今日では一般的に認められていることである。幸福に育った人は、解離した二つの人格を抱えたりはしない。

みじめな現実の人格だけでは、どうにも自分を保てないような精神的危機と、そのままではストレスに潰されてしまうような敏感さ、脆さを抱えているときに、自分を守るための離れ業として、人格の解離は起きるのだ。それは、ちょうど、外敵に尻尾をつかまれたトカゲが、生き延びるために尻尾と本体に自己を二分するようなものだ。それは人格の統一を失うという大きな犠牲を払う緊急避難的な反応である。

ユング少年の場合のように、二つの人格が併存していることを当人が認識しているという場合には、ＤＩＤとは言えない。しかし、それは、人格が解離しているということを否定するものではない。完全な人格の解離と、不完全な人格の解離とは、連続した現象であると考えられるのである。

精神的な逃げ場として現れる第二人格

ユングの中の第二人格である老賢者は、頼りなくて尊敬に値しない現実の父親の代わりにユングを守り、導いてくれる存在として機能していたと言えるだろう。これは、ユングに限ったことではなく、誰も身近に自分を守ってくれる存在がいないとき、子どもはそうした架空の存在を作り出し、その存在に救いを見出すということが稀ならずある。

ある少女は、幼い頃に両親が離婚し、母親の実家で祖父母とともに育った。彼女は友達を作るのが苦手で、学校でもいじめられるようになった。そんな中、いつしか彼女は、「お兄ちゃん」と呼ぶ、年上の男性の人格を身近に感じるようになり、彼女が弱っているときには、そのお兄ちゃんが助けに来てくれるようになったのだ。だが、中学生になったある日、母親はお兄ちゃんに頼っている少女の状態を不安に思って、「そんな人は存在しない、いつまでそんなことを言っているの」と強く言って聞かせたのだ。以来、お兄ちゃんは現れなくなったが、彼女はその頃から学校に行けなくなり、自傷行為をひどく行うようになった。

その少女に必要なのは、自分のことを理解してくれ、不如意な現実から自分を守ってくれる存在だった。母親からもそうした安全基地を与えてもらえない代償として、お兄ちゃんという空想の産物を作り出していたというのに、それを母親から否定されることによって、拠り所となる存在を失うことになったと言えるだろう。

第二人格は、しばしば庇護者《ひごしゃ》や救世主のような性格を帯びている。たとえば、弱々しい少女や繊細な女性に人格の交替が起きると、突如、男の野太い声で喋り出すということも、典型的にみられるものである。

とても美しい女子大学生が、精神病棟に入院してきた。彼女が小さい頃に両親が離婚し、小学生のときに母親が義父と再婚。彼女は内気で、一人読書をするのを好んだ。何を言われても、しとやか過ぎるほどに、にっこりとほほ笑みながら相槌を打つばかりで、自分の意思を述べると言うこともなかった。だが、あるとき突然、男の声に変わり、こちらがぎょっとするようなことを言うのだった。その内容は、性的なものや妊娠に関するものが多く、「この娘を妊娠させたのはおまえだろう、責任をとれ」というようなことを言うのである。そこには、その女性の性的な心の傷や願望が反映されているようだった。そして、ひとしきり言いたいことを言うと、またもとのしとやかな口調に戻り、言われるままに従順にうなずくのだった。

彼女の第二人格も、明らかに彼女の庇護者や代弁者として振る舞っていた。それは、彼女が守られずに過ごしてきた日々が限界を超えてしまったことを表しているようだった。彼女は義父から性的虐待を受けたことがあり、母親は彼女に対して冷淡だった。

章の冒頭に紹介した、夫のペニスを切断したロレーナ事件にしても、解離して現れた人格はロレーナを守る存在として、性暴力をふるう夫に、それが困難になるよう罰を下したとも言えるだろう。

われわれが自分の人格と信じているものは、安心感が守られて初めて維持されているものであり、それが極度に脅かされる状況に置かれると、現実の人格にとどまり続けることができなくなり、退行したり、逆に代償的に防衛したりする新たな人格を切り離して、そこに逃げ場所を見出そうとするのである。

とらわれを修正する技法

心のコントロールを維持し、バランスを取り戻すうえで、とらわれを克服することは非常に重要な課題だと言えるだろう。さまざまな異常心理から回復したり、そこに陥らないためにも、とらわれを解消することが鍵を握る。

とらわれを解消する方法としては、ジャネが行ったように、きっかけとなった出来事を明らかにして、そこで生じた思い込みにアプローチする方法と、そのきっかけとなった出来事は問題にせずに、不合理な思い込みだけを修正しようとする方法がある。ジャネの心理分析もフロイトやユングの精神分析も、前者の路線である。

その場合の難しさは、とらわれの原因を多くの人が忘れているか、思い出さないようにしているということである。病的なとらわれほど、原因となった出来事が思い出せないことが多い。

なぜなら、それだけ苦痛な体験だったため、思い出すことに抵抗が生じるのである。

そのため、フロイトも治療を始めたばかりの頃は、ジャネの方法を踏襲して、催眠をかけて治療を行おうとした。しかし、催眠をかける方法は、さまざまな副作用を生じたり、効果が長続きしないといった壁にぶつかった。

フロイトは、催眠をかけなくても、心に思い浮かんだことを自由に話すことで、無意識の領域にアプローチすることができると気づいた。そして、催眠によるやり方を放棄し、代わって自由連想法という方法を確立した。

ユングも催眠は用いず、連想検査や夢の分析によって無意識の心を知ろうとした。今日でも、絵や箱庭に表現することで、心の傷やとらわれを癒す方法は重要である。

一方、原因は問題にせず、思い込みやとらわれだけを解消し、心身のトラブルを改善しようという路線も発展した。その最初の一人は、フランスのイポリット・ベルネームである。

ベルネームは、フロイトより一世代前の人で、内科学の教授をしていたが、町の開業医で催眠術による治療を行っていたリエボーの評判を聞き、訪ねていった。その効果に感銘を受け、リエボーに弟子入りして、催眠治療を自らも採り入れた。ベルネームは、催眠治療を科学的に評価し、対象を選んで実施した。今日で言えば、主に心身症の治療に、この方法を用いて成果を上げたのである。さらにベルネームは、催眠の効果が暗示によるものだとメカニズムを明らかにし、催眠をかけず覚醒状態でも、同じ効果が得られることに気づいた。その鍵を握るのは、暗示にあった。そして、その治療法を精神療法と呼んだ。

こうした覚醒状態での暗示は、今日リフレーミングと呼ばれるものに相当するだろう。

リフレーミングは、認知の枠組みを変えてしまう手法である。たとえば、不登校になっている子どもを、学校に行けないことはよくないことだという常識的な枠組みで見るのではなく、学校に行かないことで自分を守ろうとしているのだという視点に立てば、自分の意志表示ができることはよいことだと、子どもに対する評価がまったく変わってくる。

また、学校に行かないことで、家族の抱えている問題を教えてくれているのだと、別の意味を汲みとることもできる。見方を変えることによって、自然に周囲の接し方も変わり、むしろ回復を容易にする。

先入観や前提となっている思い込みを、別の枠組みでとらえ直すことによって崩してしまうのである。こうした方法では、無意識的な欲求や忘れてしまっている心的外傷を、わざわざほじくり返す必要はないということになる。この方法は、今日、認知行動療法をはじめ、さまざまな心理療法に採り入れられている。

ただ、難しいケースほど、とらわれが心の傷と強く結びついていることが多い。考え方や行動の仕方をいくら修正しようとしても、心の傷という結び目がほぐれないと、修正がうまくいかないのも事実である。

心の傷を消す方法

とらわれと心の傷が強く結びついている場合、そこに向き合うことは、強い抵抗を生じる。だが、本当の回復には、逃げずに問題に向き合うことが必要になる。それはつらく、時間のかかる作業だが、それを避けては、とらわれからの脱却は難しいのである。

その際、心的外傷を伴ったケースに、催眠よりも安全で、かつ克服を助ける方法として普及してきているのがＥＭＤＲである。ＥＭＤＲは、目の前五十センチほどのところで、指を左右に往復させ、それを目で追わせることにより、眼球運動を繰り返させながら、外傷的な場面を思い出してもらう方法である。思い出したことを語ってもらい、共感的に受け止め、さらに前向きに受け止められるように認知を修正する心理療法と同時に行うと、まさにとらわれを解きほぐす作用がある。

なぜ、この方法が有効なのかはよくわかっていないが、夢を見ているレム睡眠のとき、同じような眼球運動が起き、またレム睡眠では長期記憶の中枢である海馬が活発に活動していることから、眼球運動をすることは、海馬を刺激し、記憶の再構築を促進するのかもしれない。

一方、多くの人は幼い日に味わった不満足によって、何らかの固着をもっており、それを引きずっている。固着は、発達段階での躓きでもあり、その人の関心も、その時代にとどまっているということがみられる。

固着によって生じた発達の停滞を克服するには、その過程をやり直すしかない。幼い頃に味わった不満足による傷を引きずっているのであれば、それをある程度満たし直すことが必要なのである。多くの人は、それを無意識のうちにやっている。自分に不足していたものを、大きくなってから補おうとしたりする。

身近な例で言えば、幼い頃に、下にきょうだいができ、母親を譲らなければならなかった人では、その時期への固着がみられ、母親離れがスムーズにいかないことがある。青年期になってから、見捨てられた不安やうつといった症状が出てくることもある。むしろ、我慢せずに小さい頃に母親に甘えさせたほうが、後でうまくいくということも多い。

すでに大きくなっているという場合にも、不足したものをもう一度満たし直してもらえる体験が、ある程度必要に思える。そのうえで、自分の中のとらわれを自覚し、自分というものを客観的に整理することで、そのとらわれから次第に自由になっていけるのである。

もう少し詳しく知りたい方は、拙著『境界性パーソナリティ障害』『愛着障害　子ども時代を引きずる人々』などを参照されたい。

第六章　人形《ドール》しか愛せない

ドールハウスの住人たち

かつてイプセンは『人形の家』という戯曲で、アイデンティティを奪われた女性の自立をテーマにしたが、現代のアメリカでは、『ドールハウス』というドラマが人気を博している。それも、やはりアイデンティティをもたない女性のドラマという点では、『人形の家』の現代版だとも言える。

「ドールハウス」は非合法な組織で、誘拐した女性の記憶を消し去り、無垢なドールにし、代わりに顧客の好みや要望に応じた人格をインストールして提供するという裏ビジネスを行っている。エリザ・ドゥシュク演じるエコーというドールも、そうした一人である。エコーは、とりわけ美しく、優秀なドールとして、ときには愛人に、ときには潜入捜査官となって活躍するのだが、彼女の中には消し去りきれない元々の記憶が残っていた……、というストーリーが展開していく。

こうしたドラマが違和感なく受け入れられ、われわれの想像力を刺激するのも、一つには人格や記憶といったものが、それほど恒常性をもったものではなく、変容を起こすものだということが一般の常識となって浸透しているということがあるだろう。

だが、もう一つ、視聴者を刺激し、惹きつける理由は、人格や記憶さえも操作し、「着せ替え人形」のように欲望や願望を満たす道具として扱えるというファンタジーの快感だろう。

そこには、われわれ現代人の矛盾した欲望がかかわっている。

一方で、われわれは人格や個人的な記憶をかけがえのないものとして感じ、オンリーワンであること、つまり、その唯一性に人間としての尊厳を見出す。

そうしたヒューマニスティックな立場からこのドラマを観れば、人格や記憶を変えられ、もてあそばれるエコーは、もっとも最悪の形で人格を蹂躙《じゅうりん》された、極めて悲劇的なヒロインだと映るだろう。

だが、そうしたヒューマニスティックな視点でこのドラマを観る人は、むしろ少数派であり、そもそもこのドラマの制作者自体も、大枠のストーリーとしてはヒロインを被害者として設定しているものの、そうした設定はストーリーを組み立てるためのいわば建て前である。

むしろ、多くの人が惹きつけられるのは、もっとも尊厳をもつはずの個人の記憶や人格さえも思いのままに操作されるということであり、操り手と人形のような非人間的な関係がクールに展開することに、ある種の愉楽を覚えるのである。

「アクティブ」としてセクシーで危険な役柄を演じたエコーは、任務を終えると、記憶を再び抜き取られ、無垢なドールの状態に戻る。そして、また次のエピソードでは、まったく異なる人格をインストールされ、その変わり身ぶりがこのドラマのもう一つの魅力にもなっている。

バタイユ流に言えば、それは人格をもてあそぶという究極のタブーを破る行為であるからということになろうが、人形をもてあそぶように人間を操作するという欲求だけでなく、コスチュームを着替えるように人格を着替えて、別人のように行動したいという欲望もまた、そこには潜んでいるのかもしれない。

視聴者が、その心にどういう願望やトラウマを秘めているかによって、このドラマの見え方も異なってくることになるが、そこには現代人にしばしば認められる二つの異常心理が顔を覗かせている。

一つは人間を物のように人形のように支配したいという願望であり、もう一つは人格や記憶さえも着脱可能な仮面のように入れ替わる不確かなものであり、「私は誰」というアイデンティティの問題に悩まされるということである。

そして、アイデンティティを探し求めながら、同時に、そこから逃げ出そうとする自分もいるという矛盾である。その意味で、われわれ現代人は、人形の操り手「ハンドフー」であると同時に、ドールハウスの住人でもある。

アイデンティティの拡散した時代

だが、こうした曖昧なアイデンティティしかもたない存在というあり方は、何も現代人だけの特権ではなかった。仏教的な輪廻転生の思想にも影響されて、日本には、転生譚というものが平安時代からあり、三島由紀夫が最後の作品『豊饒の海』を書くヒントにもなったとされる『浜松中納言物語』も、そうした一つである。

それは、命や安全がもっと儚《はかな》く、死によっていつ存在を消し去られるかもしれなかった時代において、現世の自分を仮の姿であるとみなす思想ともつながっている。

特定の人格や運命から自由な存在となって、時空にとらわれることなく、もっと大きな存在の中を漂うというあり方に、むしろ希望と救いを見出したのである。

個性にこだわる一方で、人格やアイデンティティが不特定なものとなり、仮面のような意味しかもたないという矛盾した状況には、この高度に文明化した社会が、平安時代と変わらないくらいの存在の不安を内包していることを示しているのかもしれない。存在の根源的な不安やアイデンティティの危機を抱えた人にとっては、ときと場合によって人格も仮面やコスチュームのように着替えるものというカメレオン的感覚の方が、統合された一つの人格という固定されたものより、心の現実に近いのかもしれない。

『仮面の告白』で世に出た三島由紀夫が、転生譚である『豊饒の海』で終焉を迎えるというのも象徴的だが、三島がボディ・ビルに熱中するなど、外面的な仮面を追求し続けたこととも相まって、彼もまた、本当のアイデンティティをもたないドールハウスの住人だったのだという気がするのである。

見捨てられた人形

ドールハウスの住人、つまりアイデンティティを失った人間がいかに生きることができるかという問題に、先駆的に取り組み、独自の哲学から一つの答えを出したのが、アルトゥル・ショーペンハウアーである。ショーペンハウアーの主著『意志と表象としての世界』によれば、この世界は「表象」すなわち夢幻に過ぎず、それを動かしているのは、目的も意味もない「意志」にほかならない。われわれの快不快も喜怒哀楽も、すべて表象に過ぎず、それはまた、盲目の気まぐれな意志によってただ突き動かされているだけである。

ショーペンハウアーの哲学は、存在自体が何の意味ももたないということを止面から認めることによって、存在の意味、つまりアイデンティティを獲得しようとする無駄な努力から、自分を解放する哲学だと言える。

だが、逆にショーペンハウアーがなぜこのような哲学を生み出すことになったのかと考えると、図と地の関係で、彼の置かれていた境遇が浮かび上がる。彼はアイデンティティの獲得に躓き、自分が存在するという意味を、確かに感じることができなかったのである。

そして、その状況は、彼がごく幼いときに、すでに始まっていた。彼は母親から「捨てられた人形」だったのである。

アルトゥル・ショーペンハウアー
©ROGER_VIOLLET

ショーペンハウアーと母親との関係は、ぎくしゃくし通しで、父親の死後、ますます冷え切ったものになり、ついにはかかわりを絶ってしまうに至る。そこには、それなりの理由があったのだが、それは現代でもしばしば起こり得る状況であった。

母親のヨハナと父親のハインリッヒは、倍ほども年が違っていたが、そもそもヨハナがハインリッヒの求婚を受け入れたのは、失恋の痛手を忘れるためと、ハインリッヒが名門の出で、経済的にも成功していたからである。玉の輿に乗ったヨハナだったが、夫のことを心から愛していたわけではなかった。生まれた息子アルトゥルに対しても、愛情を感じたのは初めのうちだけだった。

後に女流作家として、類まれな成功を収めたヨハナは、正直に認めている。世の母親たちと同様、初めのうちは、「人形遊び」に熱中したが、その遊びにもすぐ飽きてしまったと。息子のことが次第に鬱陶しくなり、彼女は華やかなパーティにいそしみ、自分の楽しみのために時間を使うことを優先したのである。

母親から関心をかけられることもなくなっていたアルトゥルは、わずか六歳のときに、すでに絶望を感じ、ふさぎ込んでいたという。見捨てられ抑うつの状態にあったのだろう。そんなわが子を、ヨハナは愛情をかけるどころか、遠く離れた知人の家に追い払ってしまう。

その後、アルトゥルは、父親の仕事を継ぐべく商売の修業をしていたのだが、本当の関心は哲学にあった。そこに思いがけない不幸が襲う。脳卒中の発作を起こし、体が不自由になっていた父親が自殺してしまったのである。母親は、息子の意向など聞きもせず、父親の商館をさっさと清算してしまう。

結果的に、アルトゥルは好きな哲学を勉強できることになるのだが、母親が父親の築いた商館を売り払ってしまったことに不信感を抱く。父親の自殺についても、病気で倒れて後、母親の冷たい仕打ちを見ていたので、父親はそれで絶望して死んだのだということをアルトゥルは知っていた。

だが、そのときは母親を責めることもしなかった。許しがたい母親の行動にも、黙って従っていた。まだアルトゥルは、母親の愛情を求めていたのである。愛されていない子どもほど母親の顔色をうかがい、機嫌を損ねないようにするものである。

母親は夫の遺産でワイマールにサロンを開き、ゲーテら文人たちと交流した。自らも作家として売り出すと、華々しい成功を収める。多くの芸術家や名士に取り巻かれてちやほやされ、息子と年の変わらない若者を愛人にもつのを見るに至っては、アルトゥルと母親との関係は徹底的にこじれ始め、ついに絶縁するに至るのである。

ショーペンハウアーの厭世哲学は、まさにそうした中で生み出されたものだった。

自己愛のために生きる存在にとって、子どもは人形遊びの人形のようなものになりかねない。もっと楽しい遊びがあれば、人形を放り出してしまいたくなる。だが、放り出された人形の方は親を求め続ける。そこから多くの悲劇が生まれる。

ショーペンハウアーは、そこを逆手にとって、自分が人形ならば、世界もまた仮象に過ぎず、そこに意味などないと割り切ることで、母親に愛されなかったというとらわれから自らを解放しようとしたのである。それゆえ、ショーペンハウアーの哲学は、その悲観的な装いとは違って、生きるためのしたたかな戦略なのであった。

だが、そこには、「見捨てられた人形」の悲しみが、そこはかとなくにじんでいると言えるだろう。

母親の人形化する子どもたち

自らのアイデンティティをもたない人形は、それ自身の主体性をもたない。主体性をもつのは、人形に今日の洋服を選び、アイデンティティを与える存在だ。人形と遊ぶように子どもを育てる関係において、主体性をもつのは母親で、子どもではない。ハンドラーは母親で、子どもは母親のドールになるのだ。

しかし、子どもが成長し自立していくことは、すなわち自らのアイデンティティを獲得するということである。母親のドールとして育てられた子どもが、アイデンティティの獲得に躓き、そこで苦しみやすいのは理の必然である。

自分の一部であって、同時に、外なる対象である存在を自己対象という。自己対象は、自分の思いのままにできる所有物のようなものであり、お気に入りの人形もまた自己対象である。ドールとなった子どもも、母親の自己対象だと言える。

だが、本来、自己対象とは、幼い存在が対象との関係を育んでいく段階で、その成長のプロセスを支えてくれる過渡的な存在である。つまり、通常、自己対象とは、幼い子どもにとっての母親なのである。自己対象が、自分の求めることに応じてくれることによって、その子は心の安定を維持するとともに、次第に成長を遂げていくことができる。母親が、子どもの求めるままに欲求を叶え、呼びかければ愛情深い眼差しで応え、いつもそばに寄り添い、守ってくれるからこそ、子どもは安心して育っていくことができる。

ところが、子どもの方が母親の人形になってしまっては、その関係が逆転してしまうのである。だが、現実には、こうした逆転が頻繁に起きるようになっている。子どもの方が親を支え、慰める役割を担っているということも珍しくない。

なぜ、そうしたことが起きやすくなっているのだろうか。

幼いうちは、他者を自分の延長物のようにみなす自己対象的なかかわりが普通である。しかし、成長するにつれて、独立した存在としての他者とのかかわり方を学んでいく。対等で、共感的な関係が発達していくとともに、それまで自己対象としてその人を支えていた存在との関係も、自立した関係へと変わっていく。

ところが、成長段階で、自己対象による支えを十分に得られなかったり、逆に過度に保護された結果、自己が十分な自立と安定を達成できていないと、大人になっても、自己対象的なかかわりを引きずりやすくなる。

ここ何十年かの日本社会は、成熟した他者との関係を育むよりも、自己対象的な関係を長引かせやすくなっていると言えるだろう。それは、一言で言えば、社会の自己愛化である。

ナルシストたちの純粋過ぎる愛情

自己対象的な対人関係を引きずっている人が、まず困難をきたしやすいのは、恋愛や配偶者との関係においてである。恋人や配偶者が自己対象となるとき、相手に期待されることは、その人の偉大さを映し出す賞賛者になるか、それに仕える奉仕者になるかである。その期待がうまく満たされないとき、激しい怒りを覚え、自己対象を力づくで服従させるか、破壊するか、さもなくば捨て去ろうとする。

先に述べた猟色の哲学者ラッセルは、もはや自分がその女性に惹かれていないと感じると、もう一緒にいることに我慢できなかった。そのことを、彼はためらいもなく相手に伝えた。気に入らない人形をそばに置いておくことさえ、拒否したのである。「愛している」と誘惑し、相手がその気になって、夫を捨ててラッセルのところにやってくると、「もう愛していない」と言うことさえあった。

それは潔癖さということもできるが、情緒的な欠陥と呼んだ方が適切だろう。ラッセルにとって重要で意味をもつのは、自分の気持ちと都合だけだった。相手の気持ちや都合は、まったく考慮に入れられなかったのである。それは、われわれが、人形の気持ちや都合を考慮に入れないのに似ている。

幼いナルシズムにとどまっている人の愛情は、自己対象に対するそれである。自己対象に向けられる愛情は、対等な他者との心通い合った愛情というよりも、自分自身の偉大さを映し出す存在や自分の理想像を投影した偶像への自己陶酔的な愛情である。前者であれば、自分を賛美してくれる存在が選ばれ、自分の優越性が脅かされない不相応な相手が好まれることも多い。その方が、安心して賞賛してもらえるからである。後者の場合には、その理想像に、自分の似姿が映し出されていることも多く、自分と共通点をもつ同性の存在や近親者が、その対象となりやすい。元々プラトニックな愛とは同性愛を意味したように、自己対象的な恋愛においては、むしろ異性は「不純な」存在に映るのである。

両刀使いの詩人バイロンが、誰よりも心を許せる相手は、実は異母姉のオーガスタであった。バイロンは彼女と禁断の関係にあった。その関係はホモセクシャルな関係など霞《かす》んでしまうほど、バイロンにとって麻薬的な魅力をもっていたらしい。近親相姦の悪い噂を封じるように、バイロンは結婚することを決意するのだが、幸福な結婚となるはずもなかった。

自己対象との恋愛は、何も特別な人だけの問題ではない。現代において、人々は程度の差はあれ自己愛的になり、その意味で誰もがバイロンやラッセルと似た様相を帯びている。

多くの人に身近なものとなっている自己対象的な恋愛は、タレントやアイドル、さらにはアニメのキャラクターへの憧れであろうが、その思いはしばしば、現実の人間に対する以上に強いものとなる。理想化された偶像に比べれば、現実の人間や性はあまりにも不完全で、おどろおどろしく、耐えられないと感じてしまう人もいる。

結婚生活に疲れた主婦がはまる空想の恋愛「エア恋愛」も、自己対象との恋愛だと言える。自己愛を映し出すものである自己対象は、その人を傷つけたり、夢を壊したりすることがない。その意味で安全に遊べるのである。

自己愛的な人は嫉妬深い

社会が自己愛的となり、他者との関係も自己対象的になる中で、それを特徴づける一つの感情は、嫉妬である。

嫉妬に関する異常心理として、昔からよく知られたものは、嫉妬妄想と呼ばれるものである。典型的なタイプは、中年女性が、夫が浮気しているのではないかと疑ったり、逆に、性的機能の衰え始めた中高年男性が、妻の不貞を疑うというパターンも多かった。配偶者が献身的に尽くしている場合でさえも、浮気しているに違いないと思い、罪滅ぼしのために優しくしようとしているのだと曲解する。いずれも肉体的魅力や性的機能が衰え始める頃によくみられた。

ところが、最近では、若いカップルでも、相手の異常に強い嫉妬心からトラブルになるケースが増えている。パートナーの行動を監視したり、メールをチェックしたりして相手の行動を束縛し、相手のことを独占しようとする。

そうしたタイプの人の特徴は、交際や愛情という関係を、支配や所有という関係に取り違えていることである。恋人や配偶者は独立した他者というよりは、その人が支配する所有物のようにみなされてしまう。ペットやぬいぐるみと同じように所有し、思い通りに支配できる自分の延長物、すなわち自己対象とみなされるのだ。その結果、相手が自分の与《あずか》り知らないところで、自分以外の人とかかわりをもつだけで、怒りやフラストレーションを覚えてしまう。

幼い自己愛性を抱えた人では、愛情や関心の独占を脅かし、自分の優越性を妨げるものは、すべて自分の幸福を脅かすものとして受け取られやすい。

そのため、たとえ相手がわが子や夫であろうと、自分よりも成功したり幸福になることは、その人の成功や幸福の機会を奪うように感じてしまう。わが子であれ、配偶者であれ、自分よりも賞賛されると、自分が蔑ろにされているように感じ、嫉妬から関係自体がぎくしゃくしてしまうこともある。父親や母親のパートナーが虐待を行うという場合、愛情や関心をとられるという子どもへの嫉妬があることが多い。

女の子として育てられたワイルド

恋愛や結婚と並んで、自己対象的な関係が問題を生じやすい、もう一つの局面は、子育てにおいてである。子どもという存在は、その人の思い通りになる存在であり、恋人や配偶者以上に、自己対象となりやすい。自分が望むことを教えることによって、どんなふうにでも育てることもできる。親は、自分の望むことを子どもに映し出し、自分に代わって実現させることもできる。だが、自己対象として扱われた子どもは、食べるために育てられた家畜のように、自分のためにではなく、他人の思惑のために歪な発達を遂げた肉体や心をもつことになる。才能と呼ばれるものさえ、他人に食べられるための霜降りの体なのかもしれない。

『サロメ』『ウィンダミア卿夫人の扇』や『ドリアン・グレイの肖像』などの耽美派の作品で知られるイギリスの作家オスカー・ワイルドは、五歳まで女の子の格好をさせられて育てられた。ワイルドは二歳年上の兄の下にできた二番目の子どもだったが、母親は女の子を強く望んでおり、生まれる前に女の子の服ばかりを用意していたのだ。それでも、通常なら男の子が生まれれば、男の子として育てるだろう。だが、母親は女の子への未練が絶ち難かったらしく、自分の気持ちの方を優先したのだ。

そのことは、明らかにワイルドの性的アイデンティティを混乱させた。ワイルドは女装癖に加えて、同性愛への誘惑を感じ続けることになる。といっても、ワイルドはバイセクシャルで、異性愛と同性愛のどちらにでも向かい得た。女の子として育てられるという体験がなければ、性的なアイデンティティの混乱に陥ることなく、彼の最終的な破滅を免れたかもしれない。

　そういえば、三島由紀夫にも、似たエピソードが伝えられている。三島が祖母に溺愛され、母親から離されて育てられたことは述べたが、この祖母は、もう一つ不自然な環境を小さい三島に課した。「遊び相手としては男の子は危ない」という理由で、女の子だけを遊び相手に選んで、女の子のように育てたのだ。三島もバイセクシャルであったが、彼の性的アイデンティティに、幼い日の環境が影響しなかったとはいえないだろう。

　ワイルドが、母親から刷り込まれたもう一つの刻印は、有名になるという願望である。裕福な弁護士の娘だった母親は、進歩的な教育を受けた女性で、いわゆる母性的な女性ではなかっ

オスカー・ワイルド　©ROGER_VIOLLET

た。生涯、年齢を五歳も若く偽っていたほどで、人一倍見栄っ張りで、外面的な評価を重要視するところがあった。

当時の女性としては珍しく、平凡な人生などまっぴらだというのが口癖だった。貧困問題や女性解放運動にも熱心にかかわる反面、その私生活は、他人の痛みとは無縁であった。成功した開業医の妻として、夫の稼ぎを湯水のように浪費し、贅沢三昧に暮らしたのである。

だが、母親の華々しい名声を後世に残したいという願望は、彼女の自己対象である息子ワイルドにそのままインプットされた。若い頃のワイルドの口癖は、「有名になりたい」であった。

有名になるための鍵は、人々にショックを与えることだとワイルドは考えていた。そして、実際、ワイルドはその方法を実践し、人々の熱狂的な支持を得て、文壇のスターの座に上り詰める。それは、まさに、地道な幸福よりも、派手な成功を求める母親を満足させることにほかならなかった。いつのまにかワイルドは、彼のことを息子としてさえ認めなかった母親の願望を満足させるために、人々を驚かせるスキャンダラスな作品を生み、奇矯《ききょう》な暮らしを送り、そのスキャンダラスな生活ゆえに破滅することになる。

「芸術活動は長い自殺である」という自らの言葉通り、その人生は社会的破滅へと向かっていく。ワイルドの晩年を不幸なものにしたのは、アルフレッド・ダグラスとの同性愛を告発され、当時の法律によって有罪判決を受け、獄中生活を余儀なくされたことである。獄中生活を送っても、それをむしろ勲章にして、ますます活躍した人物も少なからずいるが、ワイルドの場合は、入獄とそれによって刻まれた社会的汚名に打ちのめされ、出獄後もイギリスを離れて、零落した晩年を過ごすことになった。

ワイルドの繊細で傷つきやすい神経には、スキャンダラスな裁判や屈辱的な獄中生活で蒙《こうむ》った痛手はあまりにも過酷で、その試練を糧にして、さらなる境地を切り開くということは難しかったのだ。父親が残した財産はすでに母親が食いつぶし、名声から転落したワイルドは、その日の暮らしにも困る困窮と絶望のうちに最期を迎えることになる。

ワイルドにとって、もっとも不幸だったのは、母親から普通に愛されるという幸福を知らずに育ったことだろう。

「よい子」が抱える危険性

虐待がもっとも起こりやすいのは、子どもが自分の意志をもち始めて、行動するようになる時期である。つまり、乳児期には虐待は比較的少ないのである。乳児期の方が子育ての負担自体は大きいにもかかわらず、むしろ親側の負担としては減り始める二歳頃から虐待は急増し、四歳頃をピークに、小学校低学年頃までが好発する年齢である。それまで親の思い通りになっていた子どもが、次第に思い通りにならなくなるためと考えられる。

親が自己対象として子どもを扱ってしまうと、思い通りにならないことが、「反抗」や「裏切り」として受け止められてしまい、親はわが子といえども赦せないと感じ、強い怒りとフラストレーションを覚える。子どもを自己対象として扱った場合、子どもは親の意に従う「よい子」として育つか、反発ばかりする「悪い子」になるかの二者択一を迫られてしまう。「悪い子」になるのも問題だが、「よい子」に育つことに問題がないわけではない。自分の意志がはっきり言えず、自然な喜びや感情を抑えてしまう人間に成長してしまう危険を抱える。それは、後の章でも見るように、将来の困難を用意することになる。

なぜわが子を殺してしまうのか

虐待から、さらには子殺しという事件も、昨今では珍しくない。嬰児《えいじ》殺しや無理心中は昔からあったし、経済的にもっと貧しく、多くの人が食うや食わずの状況にあった時代には、やむにやまれずそうしたことが起きるという一面もあった。

しかし、社会保障制度によって、そこまで窮迫する事態が起こりにくい現代社会において、虐待死や子殺しの事件が目立つようになっているのには、経済的な事情よりも、心理的・社会的な要因が大きくかかわっていると考えられる。

実際に、子どもを殺害してしまった母親のケースを見てみると、ある時期までは、むしろ非常に可愛がって育てていたという状況を見出すことが多い。

それがある時期から、子どもに対してネガティブな感情をもつようになり、強い怒りをぶつけるようになったり、折檻を加えたり、育児放棄をしたりという中で最悪の事態も起きてしまう。

可愛がっていた時期というのは、大抵が母親の思い通りになっていた時期である。そして、自分の意志が出てくる頃に、次第に育てにくさを感じ、きちんとさせようとして虐待にもつながるのである。

それゆえ、わが子を殺すという悲劇は、ちゃらんぽらんな親よりも、むしろ律儀で責任感の強い親に起こることが少なくない。幼い子どもを虐待死させるという場合には、パーソナリティの未熟な母親が子育てに疲れてということもあるが、もっと大きく成長したわが子を手にかけるという場合には、社会的にも立派な人が、その責任感の強さゆえに、そうした行動に至ってしまうというケースがむしろ目立つのである。その意味で、決して他人事ではない一面をもっている。

人を殺す、しかも苦労して育てたわが子を殺すというのは、余程のことである。そこには、正常心理を超えた異常心理が働いているのだが、それは、正常と紙一重の異常心理なのである。

息子を殺害した父親の悲劇

初老の男性が、三十五歳の息子の首を電気コードで絞めて殺害するという事件が起きた。犯人となった男性は、中学卒業後、電器店などに勤め、そこで身につけた電気の技術を活かして、家電修理業を営んでいた。実直で、責任感の強い人物だった。結婚して二人の息子も生まれたが、そこで、その後の苦労の火種となることが起きる。十年余り連れ添った妻と離婚したのである。まだ下の子は小学校に上がったばかりであったが、二人の子どもは男性が引き取り、男手ひとつで育ててきた。苦労の甲斐あって、二人の息子も順調に育つかに見えた。

ところが、二男が中三のときに異変が起きる。学校に行きたがらなくなり、不登校になったのだ。高校進学後も欠席がちで、ついに中退してしまう。働き始めるが、勤務先を転々とした末に、家にひきこもってしまう。内科や精神科の病院に通うようになり、自宅でぶらぶらして生活するようになるが、仕事もできないで悶々としている息子が不憫で、父親は求められるままに、高価なものも買い与えていた。その頃は父親の商売も順調だったこともあり、高額な自動車や電気製品を次々と買ってやった。

それが次第に当たり前になり、父親が買うのを渋ると、暴れまわり、家の物を壊すようになった。そのうえ、サラ金から無断で金を借りる。それでも父親はあまり厳しいことも言わずに、尻拭いをしてやっていた。事件の二年前に、二男は一時ある女性と知り合い、同棲していたが、結局うまくいかなくなり実家に戻ってきた。しかし、そうなった原因は父親や兄にあると責任転嫁し、父親に対して暴言のみならず、暴力をふるうようになった。それでも、父親は二男を不憫に思い、暴力にも耐え、本人の要求するカメラやエレキギターなどを買い与えていた。

事件の一年ほど前に、父親はガンと診断され、入退院を繰り返すようになる。二男の暴力は収まるどころか、さらにエスカレートし、ガンで治療中の父親に、「一億円の保険に入れ」と恫喝《どうかつ》し、顔を殴打したり、ゴルフクラブを振り回して食器を壊したりした。さらには、長兄に対しても、いやがらせや金品をたかる行動がみられるようになった。父親は何度も保健所や警察、医療機関にも相談したが、強制力のある手段に出る決意がつかなかった。

事件の前夜、「お前が死んだら、おれはどうなるんだ。一億円の保険に入れ」と再び迫られ、それを断ると、「それでも親か。家から出ていけ」と怒鳴られたため、父親は家を出て、公園に車を停めて一晩明かした。翌日昼頃、食べるものがないことに気づいた二男は、父親に買い物をしてこいと命じ、父親も言われた通りにした。だが、その夜再び二男は保険に入れと怒鳴り始め、父親が断ると、ゴルフクラブを振り回したり、台所から包丁を持ち出したりして威嚇しながら、「おまえのせいで、おれはこんなになったんだ。勝手にガンになりやがって、お前が死んだら、兄貴に面倒見させるからな」と怒鳴り続けた末、父親が寝室に使っていた座敷に布団を敷かせて、眠り始めた。父親は、長男一家に迷惑が及ばないためにも、自分が始末するしかないと思い詰め、その夜、ついに凶行《きょうこう》に及んだのである。

親心と責任感が裏目に

小学校に上がったばかりで、母親がいなくなってしまった二男に対して、父親は不憫な思いと負い目のようなものを抱えていたものと思われる。この子は可哀想な子だしいう思いは、二男が中三のときに不登校になり、高校を辞め、社会に出られない事態となったとき、ますます強まった。せめて金品を与えることで、二男の心の空虚を埋めようとしたのは、不器用な父親の精いっぱいの親心であったが、それも裏目裏目に出ることとなった。

父親が負い目を感じて、本人の欲求を言うがままに満たし始めたとき、逆転した支配関係が生まれてしまったのである。

ひ弱さや親の不在などから、過保護に育てられた子どもでは、未熟な自己愛が温存され、親は何でも自分の欲求を満たしてくれて当然だという思いをもつようになる。依存している親を奴隷のように支配し、少しでも意に沿わないことをすると、激しく自己愛的怒りを爆発させ、暴君のように過酷な罰を与える。養ってもらっている子どもが、親の上に君臨して、親を顎で使うという状況が生まれる。家庭内暴力のケースでは、珍しくないものである。

こうした親は、自分の子どもに対する義務感が強く、自分に対する仕打ちは自分のせいだと考えて、どんなことにも耐えようとする。だが、被害が自分以外のものにまで及び始めると、責任感の強さゆえに、それを何とか食い止めなければならないと考えるのである。自分もガンでいつまで生きられるかもわからないという思いが、余計に悲壮感を強めたであろう。万策尽きたと感じたときに、自分の手で始末をつけるしかないとまで思い詰めてしまったのである。

献身の対象も自己対象

自己対象の病理は、思い通りにしようとして行われる虐待とは、まったく正反対の状況においても生じ得る。つまり極めて献身的な親の場合である。

印象的なケースを、精神科医の福西勇夫氏が、その著書『「もう一人の私」があらわれるとき』で報告している。

幼少期から腎臓病にかかり、透析治療を行っていた少女がいた。彼女が一歳のときに、父親は交通事故で亡くなったために、母親は、昼間は娘の透析治療につき添い、夜働いて暮らしを支えていた。また幼い少女が透析治療を嫌がるのを、母親は宥め宥め続けさせてきた。どうして自分だけこんなことをしなければならないのかと、問われると、母親も言葉に詰まることもあったという。

しかも、透析を続けても、二十年くらいの命だとも言われていた。母親がドナーとなって、腎移植を受けさせたかったが、血液型が異なっていたため当時の技術では難しかったのである。

ところが、免疫抑制剤の開発が進んだこともあり、母親から娘に腎臓を移植することが可能になった。喜び勇んで、母親は腎移植を行うことを希望し、移植にかかる費用も苦労して算段した。そして、いよいよ腎移植が行われたのである。

母親の願いが通じて、手術は成功した。これで、娘は透析することなく、暮らすことができるようになる。ところが、母親に異変が起きた。あれほど、願ってきた手術が成功したというのに、母親はまるで子ども返りしたようになり、退院したくないと言い出したのである。母親の心に何が起きていたのだろうか。

福西氏によれば、母親は娘につきっきりで、文字通り一体化して長い年月を過ごしてきた。いよいよ娘が透析の必要もなくなり、今までのように母親に依存しなくてもよくなったとき、逆に母親は強い分離不安を覚えたのだろうという。分離に抵抗する気持ちが、退行という形で表れたのだ。

母親は大きな犠牲を払って娘に献身していたのだが、そうすることは、いつのまにか母親の存在にとって欠くべからざる一部となり、そうすることで生き甲斐を与えられていた面もあったと言えるだろう。

言い換えれば、娘は、母親にとって赤ん坊の頃のまま、自分が全面的に守らなければならない存在であった。それゆえ、娘が元気になって、自分から自立していくかもしれないという事態は、自分の一部を、つまり自己対象を失うという事態でもあったと考えられる。

こうした状況がしばしばみられるのは、空の巣症候群に代表される中年女性のうつである。空の巣症候群というのは、子育て一筋に生きてきた女性が、子どもが巣立つ頃になると、生き甲斐をなくしてうつになるものである。

しかし、最近では、空の巣症候群に至るよりもずっと前の段階で、うつになる女性が多いようだ。小さい頃は思い通りになる「よい子」だったのが、成長するとともに次第に思い通りにならなくなり、他のストレスと重なったりすると、うつになるというケースである。

もう一つ、最近増えているのは、親の介護に献身した人が、その親が亡くなった後、空虚感やうつにとらわれるものである。こうしたケースにも、同じメカニズムがあると言える。

自己対象を失うことによる喪失感をやわらげるうえで有用なのは、新たな自己対象をもつことである。もっとも手近に行われている方法は、ペットを飼うことである。ペットの世話をしたり、愛玩することで、またペットから愛着されることで、自己対象を失った心の穴が埋められるのである。ただ、律儀で、筋の通った人ほど、代わりのものに器用に乗り換えられないのだが。

愛着した対象を失う悲しみ

このように、自己対象の病理は、未熟で自己愛的な人にばかりみられる問題ではない。責任感が強く、自分よりも愛する者のために自分を犠牲にするような生き方をする人にも、しばしばみられる問題なのである。義務感や責任感の強い人は、愛着した対象に対して人一倍思い入れが強い。慣れ親しんだ日常や毎日の決まりきった些事《さじ》も、その人にとっては、かけがえのない大切なものとなっている。

馴染んだものを大切にする傾向が強い気質を執着気質と呼ぶが、このタイプの人は、几帳面で責任感が強く、慣れ親しんだ事物への愛着が強く、物が捨てられないのも特徴である。執着気質は、うつにかかる人の典型的な病前性格でもある。

いつも朗らかで、とても世話好きなある中年の女性が、急に気が滅入り、家事も手につかなくなった。家庭も円満で、これといった原因も見当たらない。だが、話を聞いているうちに、一つだけ思い当たることがあった。それは、家の隣にあった森が伐採されたことである。それで、いつも家の窓から眺めていた景色が一変してしまったのだ。女性は、そのことを話すうちに、「自分の一部のように思っていたから、ぽっかり心に穴があいたような気がした」と語り、初めて涙を流した。この女性のように、いつも見慣れている景色が変わることが、うつの引き金を引くことは、決して珍しいことではない。

昔から、引っ越しうつ病というのが知られているが、新しい環境に馴染むのに苦労するという面と同時に、それまで愛着した景色や顔馴染みの人間関係を失ってしまうということが要因となる。

ましてや、震災や津波で、家や町が跡形もないほどに姿を変えてしまったとき、心に生じる喪失感の深さは計り知れない。慣れ親しんだものへの愛着が強く、物や人とのかかわりを大切にするような律儀な人ほど、ダメージを受けやすい。つらい思いを押し込めればなおのことである。喪った悲しみをはき出し、受け止められることが、心のバランスを保つためにとても重要になる。

捨てられない人とゴミ屋敷

執着気質の人は、慣れ親しんだものへの愛着やこだわりが強く、それを変更したり、捨て去ったりすることに強い心理的抵抗を感じる。それは、融通が利かない傾向となっても顕れるし、昔からの人間関係であれ、持ち物であれ、そう簡単には捨て去れないことにもつながる。

そこに何らかの飢餓体験が加わると、物に対するこだわりは、病的な次元にまで行きついてしまうことがある。飢餓体験には、極度の貧しさを味わうことがベースにある場合もあるが、むしろ多いのは、愛情不足や孤立を味わい、人の愛情が信じられない気持ちがあって、それを物への執着によって代償している場合である。

着るあてもない洋服を、バーゲンとみると買わずにいられず、置き場もないほどに家には洋服が溢れているというケースもある。着る予定もないのだが、それを捨てることは身を切られるようにつらく、四つある部屋の三つまでが洋服でうずまり、残りの一部屋で、暮らしているというケースもある。

ある若者は、お気に入りのいくつかの番組を録画し、ビデオテープに録り溜めてきたが、それを律儀に続けた結果、この十五年ほどの間に、ビデオテープが、一部屋を完全にふさぐほどに増えてしまった。物を取り出すことも容易でないが、それを処分することは考えられない。それは、彼の生きた証しだからである。

ある初老の男性は、挿し木をして鉢を増やすことに熱中するうちに、家じゅうが鉢だらけになった。そのうえ大型ごみにまだ使えそうなものがあると、つい拾ってきてしまう。その結果、家だけでなく、周囲の路上にも廃品や植木鉢がはみ出している。

近頃は植木の世話もろくにしないので、鉢には草が生い茂り、見るからに「ゴミ屋敷」の状態になっている。近所から苦情が来ても、一向に処分しようとはしない。周囲からみれば、「ゴミ」に過ぎないものも、当人には、大切にしているぬいぐるみやペットと同じなのである。それを捨てなさいと言われれば、当然、立腹することになる。

抱っこの代用としての依存行為

自分の一部となり、自分を支えてくれていた対象を奪われると、人は喪失感と悲しみで、うつになってしまう。うつにならないためには躁的防衛を行って、困難な試練に立ち向かうべく自分を駆り立てるか、愛情を注げる新たな対象を見つけねばならない。だが、どちらも、そうやすやすとできることではない。その結果、対象喪失を味わった人は、その代わりになる代用行為に頼るようになる。もっとも身近な代用行為は、アルコールなどに依存することである。

人生最初の自己対象は、多くの人にとって母親であり、母親が与えてくれる抱っこやオッパイが安心の源泉だった。よしよしと心地よく揺すりながら寝かしてくれたり、お乳で空腹を満たしてくれたのである。

アルコールや薬物で陶酔したり、過食をしたりすることが、自己対象の代用になるのは、それらが与えてくれるものと、母親が与えてくれた満足に共通点があるためだろう。酔いが与えてくれる心地よさは、幼い頃味わった母親のよしよしの安らぎでもある。

多くの人にとって、喪失感を癒やす手っ取り早い方法は、飲酒に頼ることであるが、アルコールはうつを悪化させ、問題をより深刻にしてしまう危険をもっている。中高年の自殺者では、うつ病とアルコール依存が合併しているというケースが非常に多いのである。

第七章　罪悪感と自己否定の奈落

グレートマザーの支配

日常的に使われるマザー・コンプレックスという言葉は日本でしか通用しない用語であるが、それに近い意味をもつ概念として、ユングのグレートマザーがある。グレートマザーは、人類に普遍的にみられる原型《アーキタイプ》の一つとされ、偉大で慈しみ深いが、子どもを貪り食ってしまうような、支配的で恐ろしい一面をもつ。母親に支配されて育った人では、ことにグレートマザー的な母親の理想像《イマーゴ》が、一つのコンプレックスとして、その人を無意識的にも支配していることがしばしばみられる。

母子関係が密になり、それに介在する父親や祖父母といった存在の影が薄くなればなるほど、母親の支配は強まりやすく、その意味で、グレートマザーに知らずしらず支配される人は多くなっているだろう。

親に支配されて育った人では、親に対する依存性とともに、自分が自分でないような空虚感や違和感を覚え、自分の意志や自分というものを希薄にしか実感できないということがみられやすい。本来ありたい本当の自分と、親の言いなりになっている自分しの間でギャップを抱え、このギャップが、しばしば異常心理や精神的な病気を生む原因ともなる。

その最たるケースは、ローマの皇帝ネロとその母親のアグリッピナであろう。アグリッピナの父ゲルマニクスは、皇帝にふさわしい器量を備えた英雄的な人物であったが、三十四歳の若さで亡くなってしまう。遺児アグリッピナは、いつ殺されるともしれない恐怖の中で生き延びてきた。わが子ネロを皇帝にすることだけを夢見て、苦難と屈辱の日々にも耐えたのである。ライバルを次々と毒殺し、クラウディウスという老帝の妻となったのも、わが子を皇帝にするという目的のためだった。そして、クラウディウス帝は死に、ついに息子ネロは帝位につく。

皇帝となってからも、ネロは母親の言いなりであった。母親の支配は心理的なものにとどまらず、肉体的、性的な領域にも及んでいた。アグリッピナは、息子に性の手ほどきをして以来、ネロと近親相姦の関係にもあったのだ。ネロは、十四歳の若い妻よりも、三十代後半ながら、成熟した美貌の母親に抗しがたい魅力を感じていた。

だが、それも、ネロがアクテという愛人の女奴隷に夢中になるまでだった。ネロが前妻と離別し、アクテと結婚すると言い出したとき、アグリッピナは当然、猛反対をした。だが、このときばかりは、ネロは母親の言いなりにはならなかった。皇帝である自分が、相変わらず母親に支配され、操り人形にされることに対する反発が、ついには憎悪と変わったのである。母親を疎ましく思う気持ちは、殺意へと向かう。ネロは、苦労して自分を皇帝にした母親を殺害させる。だが、母亡き後、ネロは歯止めを失ったように、放蕩と刹那的な快楽に身を持ち崩していく。過食や倒錯的な性行為にのめり込み、身重の妻になじられると、腹を蹴って親子とも死なせてしまった。

それ以降は、誰も信じることができなくなり、自分に忠誠だった者さえも、次々殺した。恩師である哲学者セネカも例外ではなかった。ネロの周囲には、おべっか使いのイエスマンしかいなくなる。もう誰もネロを諌《いさ》め、必要な助言をする者もいなくなった。ローマ市民からもそっぽを向かれたネロは、破滅していくほかなかった。

依存症の背後にあるもの

こうした悲劇は、形を変え、現代においても繰り返されている。最近も、ある大企業の元トップが、巨額の融資を会社から受け、ギャンブルに蕩尽《とうじん》していたことが報じられ、このご時世にと、世間は呆気にとられた。高い教育を受け、創業者一族の御曹司としてエリート街道を歩み、若くして経営トップの地位に就いた。それなりに仕事はこなしていたようだが、プライベートでは、コントロールの利かないギャンブル依存に陥っていた。週末の度に、マカオやシンガポールに飛んで豪遊し、億単位の賭けにのめり込み、祖父や父親が苦労して築き上げた会社を食い潰したのである。

自分が心から望んで、その人生を選びとり、歩んできたのであれば、そうした脇道に金や時間を浪費することに熱中することはないだろう。自らの力によって経営責任者という立場を手に入れたのなら、私的な道楽のために会社を食い物にするような行為はできなかっただろう。

高い教育と能力を備えた人物がそうした行為にのめり込んでいき、社会的な破滅さえ招くという背景には、自分の人生に倦《う》んだ、皇帝ネロと同じ心境が見て取れるように思える。その根底にあるのは、自分が望みもしない人生を選ばされたという思いではないか。

この事件に関連して思い起こすのは、ユングが語っているある財閥の子息のケースである。この男性は、アメリカの大企業の主要なポストに就いていたが、アルコール依存と神経衰弱に陥り、ユングの治療を受けにやってきたのである。財閥一家の出身である男性には、魅力的な妻がおり、母親の会社での高い地位も約束されていた。傍目には何不自由のない、恵まれた暮らしで、なぜこの男性が酒に溺れなければならないのか、理由が見当たらないであろう。

だが、すぐにユングは、この男性をアルコール依存に走らせているのが、母親への支配に甘んじていることであるということを見抜いた。

「彼はほんとうはずっと前に母への重苦しい従属から逃れておくべきだったのだが、彼にはそのいいポストをなげうつ決心がつかなかった。こうして彼は母につながれたままで、母親は彼をずっと仕事につかせていたのであった。母親と一緒にいるとき、あるいは母親が仕事に干渉するのに従わなければならないときはいつでも、彼は自分の気持ちを麻痺させるか、あるいは発散させるために酒を飲みだすのであった。」（『ユング自伝―思い出、夢、思想―』河合隼雄・藤縄昭・出井淑子訳）

男性は、飲酒を一時的に止めたのを治ったと思って、アメリカに帰っていったが、それは単に母親から離れたことによって起きた変化に過ぎなかった。ユングは、また以前のポジションに戻るのならば同じことが起きてしまうと忠告したが、男性は、ユングの忠告には耳を貸さず、案の定、母親の会社で仕事を再開するや、アルコール依存もぶり返したのである。

その状況に、母親から助言を求められたユングは、何が起きているのかを話し、母親に彼を免職するように勧告したのである。母親はその意味を理解し、その勧告に従った。

会社の地位を失った息子は、ユングに怒りをぶちまけたのは言うまでもない。通常なら、医師は患者の利益を守ろうとして職を失わない方策を考え、休職させるなりして、その間に回復を図ろうとするだろう。だが、ユングはそうした方法が、本人の将来を損ない、長い目で見ると本人の回復につながらないと判断したのである。

問題に行き当たるとき、それを避けようとせずに、正面から向き合うというのがユングの流儀なのである。問題を回避して時間稼ぎをすることは、目先の破綻を避けるという短期的なメリットにはつながっても、本当の回復を遅らせるという長期的なデメリットを長引かせるだけだということを知っているからである。

その結果、何が起きたか。母親のもとから離れた男性は、アルコール依存を脱しただけでなく、独自の道を自力で切り開き、やがてその能力を開花させ、大成功を収めたのである。

なぜ神を殺さねばならなかったのか

親の支配を脱することは、子どもにとって、自立という課題を成し遂げるために必要なことである。だが、その支配が強すぎると、しばしば子どもは、自立する過程において、大きな苦しみを味わうことになる。

「神は死んだ」という言葉でも知られる哲学者ニーチェの父親は、牧師だった。だが、ニーチェが四歳のとき、父親は亡くなってしまった。脳の変性疾患に冒されたその晩年は、極めて残酷なものであった。認知症の症状に、痙攣や失明も加わった。父親の上げる悲鳴が外まで響き渡ることもあったという。あるいは息子のニーチェ同様、神経梅毒に冒されていたのかもしれない。

それでも、ニーチェは、父親のことを尊敬していたという。母親も敬虔な信者で、ニーチェは自分自身も牧師になるべく、いったんは神学部に進んでいる。そのニーチェがなぜ神を否定し、キリスト教を目の敵にした哲学を作り出すことになったのだろうか。

ニーチェの一家は、牧師である父親の死去に伴い、収入も家も失うことになった。牧師が亡くなると、牧師館を明け渡さねばならなかったのだ。わずかの寡婦年金では暮らしが立たない母親は、姑や小姑二人と借家で同居する生活を余儀なくされる。よい部屋は祖母や叔母たちが占め、母親とニーチェと幼い妹は、日の当たらない小さな部屋に押し込められた。夫を亡くしたとき、まだ二十五歳だった母親は再婚することもできたのだが、信仰心篤い母親は、亡き夫の思い出と子どもたちの成長だけを楽しみにその後の人生を生きたのである。

それだけに、息子ニーチェに対する思い入れは人一倍強く、母親はとても教育熱心だった。ニーチェ自身は三歳までは一言も喋れないほどで、おまけに神経過敏な子どもだったが、喋り始めるのとほぼ同時に読み書きを覚え、その後の才能の片鱗を見せ始めた。母親は時間割を決めて、つきっきりでニーチェに教えた。中古のピアノを手に入れると、ピアノも教えた。

教え方は、鞭を振るう調教師のように厳しいものだった。例外は許されず、やるべきことをやるように求めた。義務に忠実な母親の生き方を考えれば当然のことだった。そのうえ叔母たちも、体の弱いニーチェを冷水浴で鍛えようとした。

厳しい躾と教育の結果、ニーチェはお行儀のよい優等生であったが、それは彼に別の部分での犠牲を強いていることに誰も気づかなかった。ニーチェは後に回想している。「そもそも私は自分の幼年時代および少年時代を通じて楽しい思い出というものを一つも持っていない」と。

ともあれ、ニーチェは、母親の熱心な教育の甲斐もあって、名門プフォルタ学院に授業料免除の特待生として入学を許され、寄宿生活を始める。ニーチェはこの学院で首席の成績を収め、詩を作り、作曲もこなし、まさに神童ぶりを発揮する。だが、そこの規則ずくめの生活にすっかり適応していたわけではない。いくら意志の力でねじ伏せようとしても、体が反乱を起こしたのだ。

学院に残るニーチェのカルテには、頭痛、リューマチ、カタルなどの症状を頻繁に繰り返した記録が残っているという。おまけにニーチェは、子どもの頃から、ずっと悪夢にうなされ続けていた。また、先にも述べたように、幻聴や幻視にも悩まされた。

フリードリヒ・ニーチェ　©ROGER_VIOLLET

そこには、幼い頃悲惨な死を遂げた父親に対する恐怖心や罪悪感が影響していたと思われる。

このニーチェが十代の頃に愛読し、憧れたのがバイロンであった。ニーチェは、抑圧からの解放を求めていたのである。それでも、周囲の期待を裏切れなかったニーチェは、ボン大学神学部に進む。しかし、それ以上自分を欺き続けることはできなかった。

その頃出会ったのが、ショーペンハウアーの『意志と表象としての世界』である。ニーチェは心酔し、一学期で神学から離れ、古典文献学の道に転ずる決心をする。ニーチェが長年続いた幻聴から解放されるのは、実にこの頃のことであった。彼は亡き父の呪縛から自由になることで、精神の健康を取り戻したのである。

その転身は幸運をもたらす。指導してくれた教授に才能を認められ、その推薦により、わずか二十四歳で、バーゼル大学教授に抜擢されたのである。

若き教授は、音楽家ワーグナーと親交を結び、処女作『悲劇の誕生』を、ワーグナーのオペラの賛歌として捧げる。だが、社会的に見れば、それがニーチェの人生の絶頂であった。『悲劇の誕生』の出版は、古典文献学者としても、大学内でも嘲笑の種にされ、完全に孤立を招いたのだ。しかも、『ニーベルングの指環』で大成功をおさめ、音楽界のスターとなったワーグナーと急速に関係が冷却すると、ニーチェはその取り巻きから誹謗中傷を受け、居場所を失っていくのである。

教授となってからも、私生活では不器用で、社交の場で女性と気の利いた会話をすることは、もっとも苦手とするところであった。彼が多少なりとも気持ちを打ち明けることができたのは、母親と妹、それに少数の男友達だけだった。数少ない信奉者であった男子学生を旅行に誘って断られたこともある。失意のうえに体調不良も重なって、頭痛と神経衰弱がニーチェの気力を奪っていった。

その学生が、ニーチェ教授の自宅を久しぶりに訪ねてみると、いくら呼び鈴を押しても返事がない。恐る恐るカーテンの隙間から中を覗いてみると、ニーチェその人が、すぐ目の前に怯えたように坐っていたという。それからほどなく、ニーチェは十年間勤めた大学教授の職を引き、あまりにも早い年金生活に入ったのである。

ちなみに、ニーチェがその後、進行性麻痺により正気を失うまでの九年間、各地を旅しながら、著作をして暮らしていけたのは、スイス政府から、わずかながら年金が貰えたからである。

ニーチェは社会的には不適応を起こし、若くして隠遁者《いんとんしゃ》となった。そこにはいくつかの要因があったが、彼の心や体を不自由なまでに縛るものが、適応を妨げていたように思える。父親の不幸な死と、それによって幼いニーチェに背負わされた重荷が、小さい頃から受けた厳格な教育とあいまって、彼の心に纏足《てんそく》をほどこすことになったのだろう。

その纏足を脱ぎ去るために、ニーチェは神を殺さなければならなかったのかもしれない。だが、神を殺したところで、成長を歪められた彼の心が、すっかりそのハンディを取り戻せるわけではなかった。

「黒い犬」におびえたヘミングウェイ

親への反発と反動形成は、新しい自分を生み出す原動力ともなるが、同時に、子どもは親を否定することに罪悪感を抱える。ニーチェの「超人」は、そうした罪悪感を超越した存在でもあった。ニーチェ自身、みずからを呪縛から解くためには、親の期待に背いたという罪悪感を乗り越える必要があった。

その思想にたどり着く直前のニーチェは、自殺の瀬戸際まで追い詰められていた。それは、文字通り躁的防衛だったとも言えるだろうし、実際、超人や永劫回帰の思想が生まれた『ツァラトゥストラ』は、軽躁状態の産物であった。この頃、ニーチェは強力な睡眠薬の抱水クロラールを常用し、激しい頭痛や絶望感を鎮めるために、アヘンにまで手を出していた。

だが、躁的防衛がいつまでも続くわけではない。ダンスは終わりを迎える。事実、ニーチェは、再び憂うつに取り憑かれることになる。

それは、ニーチェに限ったことではない。社会的成功や名声とは無縁だったニーチェとは対照的に、世界的なベストセラー作家であり、ノーベル文学賞の受賞者であったヘミングウェイのような売れっ子の作家であっても、親の呪縛からくる罪悪感を免れることはできなかった。

ヘミングウェイは、ショーペンハウアーと同様、オペラ歌手であった母親と犬猿の仲であったし、父親が自殺したのは母親のせいだと思っていた点もよく似ていた。また、ヘミングウェイの母親は、オスカー・ワイルドの母親と似て、彼を女の子として育てようとした。ワイルドと異なり、ヘミングウェイは、その反動からマッチョで男性的なものを追求することになるのだが。いずれにしろ、母親に対しては、生理的嫌悪感に近い反発と憎しみを抱いていた。しかし、母親が亡くなると、自分が母親にした仕打ちを後悔するようになる。

不健康なニーチェとは正反対に、頑健な肉体と人一倍の健康に恵まれていたヘミングウェイも、四十代半ば頃からスランプに陥るようになり、飲酒とうつの悪循環に陥っていった。晩年は、重症のうつ病に罹患し、うつが強まると「黒い犬」がやってくると言った。そうなると生きているのが苦痛でたまらなくなり、強い死の衝動にとらわれるのだった。

匿名で精神病院に入院し、電気ショックなどの治療を受けたものの完治せず、妻の目を盗んだすきに自殺しようとしたため、妻は病院に連れ戻そうとした。ところが、飛行場で飛行機に乗ろうとしたとき、咄嗟に回転しているプロペラに飛び込もうとしたため、急遽近くの精神病院に入院させられた。二度目の入院から自宅に戻ったものの、まもなく妻は、うつがぶり返す兆候に気づいた。近くのレストランに出かけたとき、近くの席に座っている男たちを指さして、小声で、「あれはCIAで、おれを見張っている」と言ったのだ。

ヘミングウェイのうつは妄想を伴うタイプで、うつが悪化すると、自分が破産させられるとか、政府の機関に監視されているという妄想が出てくるのだった。妻は再発を危惧して、目を離さないように注意していたが、二日後の未明、妻が寝ているすきに、ベッドから抜け出したヘミングウェイは、散弾銃を口にくわえ、足で引き金を引いて凄惨な死を遂げたのである。

切迫する死の衝動

ヘミングウェイのケースにも示されるように、深いうつ状態に陥った人の死への衝動は、非常に強力である。抵抗し難いほどに、死へと駆り立てるのである。極めて精神的にも肉体的にもタフだった人が、あっけなく自殺してしまうことも少なくない。

ヘミングウェイのケースはその典型的なものだが、活動的で行動力に溢れる人ほど、うつになると、落ち込み方もひどく、死の衝動が強く表れるという傾向もみられる。

それほど強い死の衝動にとらわれるということが、多くの人には理解しがたいことである。自殺した本人すら、そうなる前は、自分の命を捨ててしまう人を理解できないと感じていたことが多い。自分がそうなってしまうまで、わからないのである。強いうつにとらわれたときの死の衝動は、火災の猛火から逃れようと、高いビルから飛び降りる人に似ている。生きていることが、火に焼かれるくらい苦痛に感じられ、死の苦痛さえも、それを押しとどめることができなくなるのである。

うつ病では、自殺の危険というものが見かけ以上に切迫しているということを、まず理解する必要がある。重度のうつになっている人では、死にたいという気持ちを自分からは言わないことも多い。「仮面うつ」「微笑みうつ」と呼ばれるように、割合普通を装おうとすることもある。うつになる人は体面を重んじ、人への気遣いが人一倍強い人が多いので、周囲に心配させるようなことを極力抑えてしまうことにもなりがちだ。

それまで、とても元気で、人一倍明るく頑張り屋だった人が、まるで死に魅入られたように自殺してしまうことも少なくない。強い罪悪感にとらわれ、自分には生きている資格がないという思いに駆られてしまうのである。

異常心理に潜む罪悪感

カール・ユングは、その自伝の中で、非常に印象的なある女性の症例について触れている。その症例は、ユングが精神科医となったごく初期に出会ったケースであったが、その劇的な経過が、ユングのその後の関心を決定づけることともなった。

その女性は、すでに別の医師によって、今日で言えば統合失調症として診断されており、回復の見通しは乏しいと思われていた。だが、ユングは、この女性がかかっているのはうつ病ではないかと疑い始めた。

女性は、四歳の娘を腸チフスで亡くし、その直後から塞《ふさ》ぎ込む症状がひどくなったのである。最愛の娘を失ったショックにより、病気を発症したということであれば、話はすんなり理解できる。ところが事実はというと、症状は娘が亡くなるより前から始まっていたのである。となると、娘の死が病気のきっかけではないということになる。

不可解な思いを抱きながら、まだ明らかになっていない秘密があるのではないかと、ユングは患者の夢の話や連想検査を手掛かりに、その女性の無意識に探りを入れた。そうする中で、隠されていた事実が次第に明らかになったのである。

この女性には結婚する前に愛していた男性がいた。だが、その男性は彼女に対して無関心にみえたため、彼女は他の男性と結婚する道を選んだ。それから五年後、彼女の古い友人が訪ねてきた。その頃、彼女は夫との間に生まれた四歳の娘と二歳の息子とともに、それなりに幸福に暮らしていた。ところが、そのとき友人が漏らした一言が、彼女の人生を狂わせることになる。

昔話をしたついでに、友人は、かつて好きだった男性の噂話をしたのである。そして、彼女が結婚したとき、その男性が大変ショックを受けていたということを話したのだ。彼女は、無関心を装っていたあの男性が、実は自分のことを愛していたのだということを知ったのである。

女性の抑うつ症状が始まったのは、そのときからであった。それから数週間経ったある日、女性は子どもたちを風呂に入れていた。当時は、風呂の水に不衛生な川の水を使っていた。娘がスポンジの水を吸っているのを見たが、彼女は見て見ぬふりをした。息子が水をほしがると、不潔な水を与えた。潜伏期が過ぎた頃、とりわけ可愛がっていた娘だけが、腸チフスを発症して亡くなった。その直後、女性は、重度のうつ状態で病院に連れてこられたのである。

抑うつ状態も手伝って、子どもを育てていくことが苦痛になり、死の危険を放置した結果、悲劇的な事態に至ったのであろう。子どもがいなくなれば、昔愛した男性と一緒になれるという願望もあったかもしれない。女性の重度のうつ病は、わが子を、それと半ば知りながら見殺しにしてしまったことからくる罪悪感によるものだったのである。


今日も、少し形は異なるにしても、本質的には同じことが虐待死という悲劇としてしばしば起きている。この女性のように、うつ状態が先行していることも多い。自分が子どもによって奪われた人生を思い、子どもから解放されたいという願望が、まがまがしい行動につながったというケースにも出会う。

だが、それとはまったく逆に、うつ状態に陥ることによって、自分がしてもいないことによって不幸な事態が起きてしまったと思い込む場合もある。罪業妄想と呼ばれるものだ。この女性も罪業妄想から、ありもしない罪を犯したように思い込んでいた可能性もあったが、その後の経過は、その可能性を否定する。

この女性に対して、ユングが行った治療的対応は、かなり過酷なものであった。ユングは、先に述べた彼の見立てを率直にその女性に告げ、事実に向き合わせたのである。その結果、女性は、わずか二週間後に回復して、退院していったという。その後、再び入院してくることもなかった。もちろん、ユングはその事実を、他の誰にも告げることはしなかった。

この事例から、ユングは語られていない秘密の物語を明らかにすることが回復をもたらすという確信を得るとともに、どんなに苦しい事実であろうと、それに向かい合うことが問題の解決につながるというスタンスを確立していった。

なぜ幸せになることを恐れるのか

罪悪感とは主観的なものである。ニーチェやヘミングウェイは親に対する罪悪感に苦しめられたが、事実としてみれば、彼らは何ら罪を犯したわけではない。親の否定的な態度や不幸な子ども時代の体験が、彼らにそう思い込ませただけである。

ところが、罪悪感を植え付けられた人は、しばしば自分が幸福になるのを自ら禁じ、わざわざ不幸な人生を選ぶかのように見えることも少なくない。そうした無意識の心理の一例に、「幸せを恐れる心理」がある。

たとえば、理想的な相手とめぐり合い、結婚が近づいて幸福の絶頂にあるといってもいい人が、不安定な気持ちになることがある。そして、その気分を「幸せになるのが怖い」と表現したりする。そうした心理に無縁な人からは、なぜ、幸せの最中で、そんなネガティブなことを考えるのかまるで理解できない。結婚前の不安を、ただそういう形で表現しているだけのことで、大した意味はないように、軽く受け取ってしまうことが多いかもしれない。

だが、こうした心理がうまく解決できずに、精神的な病気になってしまうことも少なくない。実際、結婚の前後にうつや強迫性障害、不安障害にかかるというケースには、しばしばこうした心理が背景に認められるのである。

ある女性は、激しい恋愛の末に、彼女のことをとても愛してくれる男性と結婚した。ただ、結婚の前から、その兆候とも言うべき気持ちに、時々襲われることがあったという。「幸せになるのが怖いような、本当に幸せになっていいのか」という思いだった。だが、周囲からも祝福されて、彼女はすばらしい結婚式を挙げ、新生活をスタートさせたのだ。

だが、その直後から、奇妙な「症状」が始まるようになる。自分がこれまで犯したミスや過ちによって、大変なことが起きているのではないかという心配にかられるようになったのだ。

たとえば、結婚退社する前まで勤めていた会社で、自分が担当していた商品に重大な欠陥があって、それによって大きな被害が生じているのではないかとか、自分の運転ミスで気づかないうちに人をはね、ひき逃げ事故を起こしているのではないかといったことを、本気で心配してしまうのだ。一度気になり出すと、新聞を隅から隅までチェックし始め、それらしい事故の記事が載っていないかを調べる。そうしたことに何時間も費やすようになった。結びつきそうな記事がないことを確認すると、少し安堵するのだが、また翌日になると、また同じ不安が兆してきて、同じことを繰り返す。いくら確かめても、心の底からは安心できず、自分が重罪でも犯したような気持ちで毎日を過ごすようになったのである。

幸せだったはずの結婚生活は、彼女が危惧した通り、すっかり不幸なものになってしまった。最初は夫に気づかれないように、どうにか取り繕って生活していたのであるが、家事も満足にできなくなり、すっかり塞ぎ込んで泣いている妻の姿を見て、夫も異変に気づかざるを得なかったのだ。

それから長い闘病生活が始まることになる。数年後、筆者のところにやってきて回復するまでの間、さまざまな医療機関で診てもらっていたが、まだ不安定な状態が続いていたのである。

治療の過程で、女性は症状と深く関係していると思われる次のような事情を語った。

夫となる男性と付き合うようになったものの、彼女は自分に自信がなかったため、いつか捨てられるのではないかという思いを拭い去れなかった。どうせ捨てられるのなら、自分から身を引こうと、彼からの誘いにも消極的な態度をとり続けていた。そんな彼女の態度に、相手はその気がないのだと思い、結局二人は別れてしまった。

それからしばらくして、彼女は、彼が他の女性と付き合っているらしいという噂を耳にした。その直後、社内の飲み会があったとき、誘ってきた男性に求められるままに、体を許してしまった。ところが、それからまもなく、別れた元の彼氏から、「君のことが忘れられない。結婚してほしい」とプロポーズされたのだ。

自分が本当に好きなのは、彼のことだということは、よくわかっていたので、プロポーズされたことは、とてもうれしかったが、同時に彼女の中に、後ろめたい思いがあった。たった一度だけとはいえ、別れている間に、他の男性と関係してしまったことだ。潔癖なその女性は、そのことが取り返しようのない過ちを犯してしまったように思ったのである。

犯してもいない罪を犯してしまったように思う強迫観念や、その罪の証拠を探さないではいられない強迫行為の根底には、心の奥に抑え込まれた、罪を犯してしまったという気持ちがあるように思えた。

彼女の場合、幸せになるのが怖い、このまま幸せになっていいのか、という思いの背景には、自分は幸せになるのにふさわしくない人間だという思いがあったと言えるだろう。

　そのことが語られるとともに、その出来事に対する受け止め方を、「彼に対して裏切りという罪を犯した」という後ろ向きなものから、「それはあなたの魅力を高めたかもしれないし、他の男に奪われるかもしれない不安ゆえに、彼からの愛も深まったのではないか」というように、まったく正反対の面があることも指摘し、彼女もそうした側面があったことを認めるようになった。彼女の症状はかなりよくなり、積極的に外出をしたり、旅行に行ったりもできるようになった。
　七、八割方よくなったものの、まだ完全に回復したとは言えず、家事をしているときに、何かとんでもない失敗をしてしまわないかとか、親戚の子どもと遊んでいるときに、怪我をさせてしまわないかとか、ありそうにもない心配をしてしまい、生活や将来のことについても、自信がなく消極的なところがみられた。まだ問題の根っこが残っていたのである。
　やがて彼女の語る話には、母親のことが多く出てくるようになった。専門職について働いていた母親を、彼女は最初のうち大変頼りにし、病気の症状も実家に帰るとやわらぐということが多かったのである。

　ところが、その頃から、母親に対する別の思いが顔を出すようになる。母親から一度も褒められた記憶がなく、何事も欠点ばかりを言われ、いつも「ダメダメ」と言われて育ったことを、盛んに語るようになったのである。彼女が自分で判断し、何かしようとすると、「あなたには無理よ」という言い方をされ、母親の言う通りにさせられるのが常だった。彼女も自分で行動することを避けるようになり、いつも母親の指示を待って行動するようになった。容姿についても、十分美しい容姿に恵まれているにもかかわらず、冷笑的な言い方をされることが多かったため、自分は醜いと思い込んでいた。

自分に自信がないことの背景に、母親からの否定的な接し方をされたことが少なからず影響していたのである。そうした母親の常に批判的で、否定的な態度は、自分だけでなく、父親や兄弟や他の人に対してもそうであることに気づくようになった。

母親に頼りきっていた女性は、次第に母親に対して距離をとるようになり、それまでは当たり前に思っていた母親の行動や反応の仕方に対して、厳しい目を向けるようになった。父親や兄弟に対する母親の態度を客観的に見る中で、自分がどんなふうに扱われていたかを重ね合わせて思い返し、自分が抱えることになった傾向と母親の偏った態度とが、凸と凹の関係で押印されたものであるということを改めて実感するようになったのである。

それと対照的に、夫や夫の実家の人々は、他人のことを批判的に語るということがなく、ありのままに長所を受け入れてくれることを感じ、夫に出会えたことを肯定的に喜べるようになった。そうした中で、母親に対しても、納得がいかないことは、はっきり言うようになり、母親も少なくとも彼女の前では、批判的な言い方をするのを控えるようになった。

一時強まった母親に対する反発も、さらにその背景に、母親自身が、義母に育てられ、いつも批判的なことを言われて育ったことが関係しているのではないかと受け止めるようになった。そして、母親が働きながら、愛情をかけてくれたことに感謝していると語るようになる。以前以上に、母親と愛情と信頼で結ばれた関係になっていったのである。

彼女が夫と自分の子どもを育ててみたいと語るようになったのは、その頃からである。以前の彼女は自分のことで精いっぱいで、子どもをもつことなど考えられず、そのことを話題にされるだけで、不安定になることも再三だったのだ。子どもをもちたいという思いが少しみられるようになってからも、自分でうまく育てられるか、子どもを傷つけるようなことをしてしまうのではないかという不安を拭い去れなかった。それが、積極的に子どもをもちたいとまで考えられるようになったのである。

根底に隠されていた意味

この女性のケースは、罪を犯してしまったという引け目が、ありもしない罪を犯したと思い込む症状となって表れていただけでなく、さらなる根底に、自分は間違いを犯してしまうダメな人間で、愛される価値がないという、子どもの頃から刻み込まれた自己否定が潜んでいた。

回復に手間取るという場合、このケースのような重層構造によって、症状が強化される構造になっているのが普通である。

このケースは、見方を変えれば、母親の支配から自立しようとすることに対する抵抗として起きたと解することもできるだろう。そのことは、実家に帰ると症状がやわらぎ、夫のもとに戻ると症状が強まったことにも表れている。

そのことは表面的には、夫に対して罪を犯したという思い込みの結果として理解できるが、しかし、その後、明らかになったように、彼女の症状は、子どもを身ごもり、生み育てていくことの不安から逃れるための防衛であったとも言えるのである。罪の意識云々よりも、彼女にとってもっとも大きな不安は、夫の子どもを身ごもったときに、自分はそれを生み育てていけるのかということだったと考えられる。

つまり、「幸せになるのが怖い」という言葉の意味には、もう一つの意味が隠されていたことになる。幸せになるとは、夫の子どもを生むということも意味するのである。その言葉は、「子どもを生み、育てることが不安だ」という気持ちの表明でもあったと考えられる。

自己否定の落とし穴

罪悪感とも結びついて、われわれの心を奈落に引きずり込むものに自己否定の心理がある。

自分を否定的にみることは、ほどほどであれば控えめさや謙虚さにつながり、美徳や長所でさえあるだろう。だが、度が過ぎて、自分は愛される価値も生きている価値もない人間だという、強い確信とも言える自己否定にとらわれると、異常心理の領域に入り込むことになる。

自己否定にとらわれた人は、自分を大切にすることができない。自分を傷つけたり、損なったり、貶めたりするようなことばかりをしてしまう。

自分を傷つけていることを自覚している場合もあるが、それが、まったく無自覚で、傷つけるという意識もないままに、自分を傷つけるようなことをしてしまうこともある。

死の危険とすれすれのことを好んで行ったり、自分の体に悪いとわかっていることを、これみよがしに繰り返したり、自分のチャンスを潰すようなことばかりしてしまったりという人も、心のどこかに自己否定を抱えていることが多い。根底にある自己否定ゆえに、直接的な自殺行為ではないものの、結果的には「慢性的な自殺」と言ってもいい行動を繰り返してしまうのである。

自己否定は、さまざまな表れ方をする。それと気づかない仕方で、行動を左右し、不可解な嗜癖や依存を生むこともある。

友情を買おうとする心理

自己否定は、自分は愛されているという安心感の乏しさと結びついている。それは、もとをたどれば、親から無条件の愛情や肯定を与えられなかったことに由来していることが多い。

対人関係における安心感の乏しさは、友達や同僚との関係にも現れやすい。友情というものは、本来、何の代償も求めない対等な関係であるが、自己否定を抱えた、安心感の乏しい人では、そうした対等な関係を築くことが難しい。

何の代償もなく、自分のことを思いやってもらえるということが実感できず、常に相手に、物やお金といった代償を支払おうとすることも多い。相手に物やお金を与えることで、自分への関心をつなぎとめようとするケースも少なくない。絶えずプレゼントをしたり、食事をご馳走したりしようとする。その結果、対等な関係で付き合いたいと思っている人は、むしろ付き合いにくく感じて、離れていってしまうこともある。それどころか、物や金目当ての輩だけが、その人の周りには残ってしまうことになる。友情や愛情を、物や金で買おうとしたばかりに、本当の友情や愛情を遠ざけてしまい、偽物ばかりをつかまされることになるのだ。

こうした心理の萌芽は、幼児期後期から小学校低学年頃に、すでに認められる。

愛着不安の強い子どもは、おもちゃや自分の持ち物を与えることで周囲に気に入られようとする。そうした人では、成長してからも周囲の顔色に敏感で、対等な関係が築けず、一方的に物や金銭を差し出すことで、対人関係を維持しようとする行動パターンが残っていたりする。

このタイプの子どもが思春期・青年期を迎え、異性との関係がからんでくると、特有の対人関係のもち方をすることがある。典型的なのは、自分の体を贈り物代わりに与えることで、相手の関心を自分に向けようとすることである。肉体関係を求められると、相手のことを愛しているわけでもないのに、拒否することができない。

ホストにひっかかってしまう人

十九歳のN美さんは、ホストがキャッチで声をかけてきたりすると、口先だけとわかっていても、つい感じのいい人と思って、つかまってしまう。そのことは、自分でも自覚していて、ホストなんかに貢いでもアホらしいと思っているのだが、いざ声をかけられるとフラッとなってしまう。

商売でやっているとわかっているが、逆に、行きずりの関係だから、自分の恥ずかしい秘密や抱えている傷も見せられるところもある。リストカットしていることを打ち明け、その傷を見せたら、「いっぱい傷ついてきたんだね」と優しい言葉を掛けられ、頭を撫でられた。それで、もう何もかも受け止めてもらえたような気がして、めろめろになってしまう。

ホストたちが、裏では、「あの手の女はリスカの傷でも撫でながら、優しい言葉を囁《ささや》けば、イチコロだ」などと笑っていることも知っている。そんな裏がわかっていても、そう言ってほしい。そんなふうに大切にされたら、何でも差し出したくなる。

この前別れた彼氏も、優しいのは口先だけで、その実、働きもせずに、N美さんが稼いだ金で遊んでいる。それでも、彼氏の不機嫌そうな顔を見たくなくて、金を差し出す。その金は、結局、N美さんが夜の仕事をしたり、体を売って稼いだものだ。そんな関係が嫌になって、些細なケンカから別れ話になった。だが、彼氏が出て行った直後、一人でいるのが不安で絶望的な気持ちになって、N美さんは大量の風邪薬と睡眠薬を飲んで救急搬送されたのだった。

N美さんのように、寂しく傷つきやすい気持ちを抱えた女性が、巷には溢れている。N美さんのようなタイプの女性は、金銭や体目当てで近づいてくる狡賢《ずるがしこ》い輩に、簡単に引っかかってしまう。自分を騙しているとわかっていても、その関係に依存してしまう。というのも、このタイプの人は、そんな見せかけの関係であれ、自分を受け止めてくれる存在が特別なものに思えてしまうからだ。

依存欲求の背後にある愛情飢餓

N美さんのようなタイプの特徴は、心に強い愛情飢餓を抱えていることだ。愛情や優しさに飢えた状態にあるため、飢餓状態の人には、どんな食べ物でもご馳走に思えるのと同じように、見せかけの優しさや口先だけの愛情も、自分を満たしてくれるものに思え、心から大切にされているように錯覚してしまう。

騙そうしている人ほど、言葉巧みな甘言を弄《ろう》するのが通常なので、信じてはいけない相手ほど信じてしまうということになりがちだ。散々利用され、搾取され、ときには暴力的に支配されることも多いのだが、相手のことを悪く思えない。悪い点は見ようとせずに、かつて囁いてくれた優しい言葉の方にすがりつこうとする。相手が自分を愛してくれていると信じることしか、このタイプの人には、自分を支えるものがないからである。

このタイプの人は、一人になるのが極めて苦手である。一人にされるだけで、気分が不安定になりやすい。四六時中そばにいたり、声を聞いていないと落ち着かない。だから、どんなひどい相手とわかっていても、相手と別れるということを考えただけで、生きた心地がしなくなり、少しくらい苦労させられても、しがみついていた方がましだと思ってしまう。誰かに頼らずに自分一人で生きていくということが、自分にはできないと思い込んでいるのだ。

こうしたタイプは、依存性パーソナリティと呼ばれる。依存性パーソナリティの人は、誰かに頼らないと一人では生きていけないと思い込んでいるのが特徴である。そのため、相手に支配されやすく、支配されている方が安心するという面もある。

N美さんのように、自己否定感が強く、自傷行為を繰り返す場合には、依存性パーソナリティだけでなく、境界性パーソナリティ障害が加わっていると考えられる。依存性パーソナリティの人が見捨てられる体験を経て、境界性パーソナリティ障害の状態になることは多いのである。

依存性パーソナリティの人は、自分を支えられず、薬物やアルコールに溺れたり、新興宗教にはまったり、反社会的な人物に心酔して、犯罪の片棒を担がされてしまったりすることも稀ならずある。その人だけならば、とても気の優しい、思いやりもある人なのだが、周囲から影響を受けやすく、マインド・コントロールされて、本来のその人とは別人のようになることもある。

体を売ってまで貢いでしまう心理

依存性パーソナリティ、さらには境界性パーソナリティ障害の人は、基本的安心感や自己肯定感の乏しさを抱えているが、その根底には、親からの無条件な愛情を得られなかったという不認証体験があることが多い。

依存性パーソナリティの場合は、幼い頃から親の言いなりになったり、機嫌をとることで、どうにか自分を認めてもらってきた。そのため、大人になってからも、相手の言いなりになり、機嫌をとらないと、大変なことになってしまうという不安をもってしまうのである。

境界性パーソナリティ障害の場合には、幼い頃に見捨てられたり、母親の関心が気まぐれであったりして、さらに安心感が不足する中で育ったということが多い。そのため、母親との愛着の絆も不安定で、見捨てられるのではないかという不安が強く、いつどうなるともわからないという不確かな感覚とともに、人に対する確かな信頼感や安心感というものを維持するのが難しい。

N美さんのように、すがる相手を見つけると、その人を白馬の騎士か天使のように思って過度な信頼をかけるのだが、結局、期待外れに終わって、裏切られたり、裏切ったりを繰り返すことになりやすいのである。

子どもというのは、どんなに貧しい家庭に育とうと、愛情にさえ恵まれていれば、家族の宝物として大切に育てられる。お金はなくても、一家の関心の中心として、家族みんながその子の一挙手一投足に視線を注ぎ、世話や手間をかけ、成長を喜ぶ。子どもが主役なのである。ところが、依存性パーソナリティの人は、家族の関心や眼差しをあまり受け取ることなく、脇役を強いられた人が多い。

N美さんの場合も、典型的な事情を抱えていた。N美さんには二つ年上の姉がいたが、姉は体が弱く、小さい頃から喘息があり、母親の関心は、生来丈夫で手のかからなかったN美さんよりも、姉の方ばかりに注がれがちだった。おまけに、姉の方が頭もよく、容姿も優れているとN美さんは思い込んでいた。実際には、N美さんも十分美しかったのだが、母親が姉の方ばかり褒めるのを聞いて育ったので、お姉ちゃんは優れているが、自分は劣っているので誰も褒めてくれないという思いを刷り込まれてきたのだ。

N美さんのように、脇役にばかり置かれてきた人が、自分にだけ関心を向けてくれるという思いを味わうと、それは強烈な快感となり、その心地よさにはまってしまうのだ。若い女性が、毎月何十万もお金をつぎ込み、体を売ってまで、ホスト通いをしてしまうのには、そうした心理に操られていることが多い。

半ば望み、半ば望まない死

若いうちから自殺企図や自分を損なう行為にのめり込む場合、その人が抱えている死の衝動は、より慢性的で、持続的となりやすい。そこには、より深刻な自己否定とともに、安心できる愛情の絆をもつことの困難を抱えていることが多い。それはどちらも、幼い頃、親から愛されなかったり、見捨てられたりした体験を引きずっているケースにみられやすいものでもある。

ごく最近、衝撃的な研究結果が報告された。

うつの若者と健常者の若者に母親が語りかけてくる映像をみせて、機能的MRIで脳の活動を調べたところ、元気な若者では、自分自身の母親から前向きな言葉をかけられると、母親でない人の場合と比べて、吻側前部帯状回や線条体が活発に活動し、共感や心地よさを味わっていることを裏づけた。

ところが、うつの若者では、自分の母親でない人から前向きな言葉をかけられたときの反応は健常者と変わらなかったのに、自分の母親から声をかけられたときの反応だけが、健常者に比べて低下していたのである（Whittle et al., 2011）。この事実もまた、うつの若者では、母親との愛着が不安定なケースが多く、根底にある自己否定に母親から得られる肯定的な支えの乏しさが関与していることを示唆するものである。

それにしても、若く生命力に溢れる人が、自分を破壊し、消し去りたいという衝動に取り憑かれるのである。それは、いっそう事態を悲劇的にすると同時に、奇妙な矛盾を生じることにもなる。その若さゆえに、彼らは生きて、人生を楽しみたいという欲望ももっている。死にたいという衝動と生きたいという衝動が、両価的なジレンマを形成し、二つの衝動の間でよろけたり、入れ替わったりしながら、危うい綱渡りが繰り広げられることになる。

ロシアン・ルーレットのように、命のサイコロを振りながら生き続けるという場合もある。だが、何かのはずみに足を滑らせれば、生きたいという願望もろとも、死の淵に呑み込まれることになる。それは、半ば望みながら、半ば望まない死なのである。

『卒業』などの名曲で、今も熱狂的に支持されるロック歌手尾崎豊の遺書が、先ごろ公表され、再び尾崎の謎めいた死に関心が集まったが、その遺書は、尾崎の死が、少なくとも広い意味での自殺だということを示唆するものであった。だが、「さようなら、私は夢見ます」と締めくくられる文面には、死の覚悟というよりは、生きることへの未練や温かい抱擁を求めるような気持ちがにじんでいる。そして、もう一通の妻に宛てられた遺書には、妻と息子への愛と祈りがつづられている。この純粋な魂をもったアーティストが、ボロボロに傷つきながらも、本当は生きたかったのだということを思わずにはいられなかった。

あるいは、あのときも、命のルーレットを回しただけで、賭けに勝っていれば、それを天命として生き続けるつもりだったのだろうか。

完璧な人生なんていらない

このタイプの人の多くは、十代後半から三十代前半くらいまでの不安定な時期を乗り越えると、次第に落ち着いてくることが多い。つまり、その時期を生き延びると、死の衝動は薄らいでくるのだ。それは、自己否定感を克服するとともに、自分の人生との間にほどほどの妥協が成立することによるように思える。若い頃は、完璧なものを求め過ぎてしまう。自分が理想とする完璧な人生でなければ、生きるに値しないと思い詰めることさえある。だが、年齢が上がるにつれて、完璧な人生など頭の中で思い描いたものに過ぎないということに気づいて、不完全であっても、現実に手に入るものに価値を見出すようになるのだろう。

ぽきっと心が折れるような中高年の自殺と若い世代の慢性的な自殺には、特性の違いが認められるものの、死を選ぶときの心理状態は、若い人であれ中高年であれ、共通する。それは、自分には生きている価値がないという強い自己否定にとらわれていることである。

また、そうした心理状態にとらわれやすい人では、共通する性格傾向が認められる。それは全か無かという二分法的な思考である。二分法的思考は先述の完璧主義と言ってもいいだろう。すべてが百点の状態でなければ、すべてがダメになったように感じてしまうのである。自己否定と希死念慮にとらわれた人では、自分の人生が自分の求めるものと食い違ったと感じ、もはや生きている価値がないと結論づけてしまうのである。そうした心理状態に陥ると、他にどんなに優れた成果やすばらしい点があろうと、もう自分はダメだと思い込んでしまうのである。

ノーベル賞を受賞したヘミングウェイや川端康成が、なぜ自殺しなければならなかったのか。そこには、彼らの激しいまでの完璧主義が関係している。不完全になった人生に、もはや耐えられないのである。さらにその根底には、二人とも親の愛情に恵まれなかったという心の傷を抱えていた。

融通の利かない二分法的思考の根もとには、自己否定があり、それは親から愛されなかった、認められなかったという体験に由来することが多い。それがさらに自分の価値を否定する現状と重なったとき、決定的な重みで、その人を打ちのめすのである。あたかも、その人が、最初から生きる価値などなかったかのような思いにとらわれさせてしまうのである。

完璧主義が自己否定に結びつきやすい理由

全か無かという二分法的な思考と自己否定は、なぜ結びついてしまうのだろうか。それは、二分法的な思考が、自己否定から自分を守るために発達してきた思考法だからである。

自分は、親からも見捨てられた、ダメな子だという思いを抱えた子どもが、何かを成し遂げたときに、肯定的な評価を与えられたとしよう。そうした場合は、その子どもは、周囲から評価される自分と否定される自分という両方の自分を抱えるようになる。否定される自分は、何の取り柄もない、救いのない自分であるがゆえに、何としても、周囲から評価される自分であり続けたいと願う。そこから、完璧な自分への欲求と、不完全で、無価値な自分に陥ることへの恐れや軽蔑を抱くようになる。そして、完璧でないことに対して、強い怒りや挫折感を覚えるようになる。

おおむね理想通りに物事が進み、自分のプライドがあまり傷つけられない限りは、心の底に潜んでいる自己否定は、自分は完璧だという思いに覆い隠されて、表面に出てくることもない。

だが、思い通りにならない事態に直面したとき、完璧であることによって、自分の価値を守ってきた防衛戦略は破綻してしまう。いまや、完璧主義は、自分の現状を受け入れることを拒否させ、不完全さ、無能力ぶりを、許せないものとして鞭打ち続けるのである。有能であり、特別であることによってしか自分の価値を保てなかった存在が、それを支えるものを失ってしまったとき、根っこにあった自己否定は、再び無残な姿で露呈してしまう。

完璧主義をいくら追求したところで、その根底に潜んでいる自己否定を克服することにはつながらないのである。それどころか、完璧主義という戦略によって自分を守ることは、危険なのである。それは、いいときにはうまくいくが、物事が躓き始めたとき、自分を守るどころか、追い詰めることになってしまう。完璧な人生など求めても、本当の自分を守ることにはならないのである。

全か無かを脱する思考法

人はなぜ、全か無かの二分法的な思考に陥ってしまうのか。そして、そこから脱するにはどうすればよいのか。

その問いにもっとも明確な答えを出したのが、アメリカの精神科医であるマーシャ・リネハンである。リネハンは、自殺企図や自傷を繰り返す境界性パーソナリティ障害（ＢＰＤ）の治療に取り組む中で、ＢＰＤの根本的な障害が、対立を統合する機能の不全にあり、統合機能の再獲得、つまり二分法的思考の克服が、この状態を改善するという結論にたどり着いた。

このタイプの人にとって、失敗は成功の反対で、どこまで行っても失敗でしかないという二分法にとらわれている。しかし、現実は、失敗が次の成功を生み出すことは、しばしばであり、山のような失敗があって初めて成功も生まれるのである。

つまり、失敗と成功は、言葉の上では対立概念だが、それは、言葉上の制約に過ぎず、本当の意味では、失敗と成功は対立概念ではないということだ。失敗と成功は連続したものであり、互いに互いを必要としている一つのものの、違う断面に過ぎないとも言える。

統合的な、大きな視野で物事がみられる人にとっては、失敗が多少続いたからといって、それで、すべてが失敗だとは思わず、そこから成功が準備されているのだと考えることができるが、二分法的思考が強すぎる人だと、一度の失敗だけで、すべてが失敗に終わったような挫折感を味わってしまう。

悪いことが起きたからといって、人生のすべてが悪いことの連続ということにはならないのだ。悪いことも起きればよいことも起きる、悪いことがあるからこそ、よいことが起きたときの楽しみが増すと考えられる人は、バランスのよい統合的な思考の発達した人である。

しかし、二分法的な思考にとらわれやすい人では、悪いことが一度か二度起きただけで、もうずっと悪いことばかりが起き、この先も悪いことしか起きないような気持ちにとらわれるのである。

では、こうした二分法的な思考を克服するためには、どうすればよいのだろうか。

そのためにリネハンが有効な方法として確立したのが、認証戦略と呼ばれるものである。これは、物事の否定的側面ではなく、肯定的側面に常にスポットライトを当てるという働きかけである。悪いことが起きても、そこにも何かよいことがあるはずだという視点で、物事をみる手本を示すのだ。そうした思考を率先して行い、手本を示し続けるうちに、やがて当人もそうした見方をするようになっていく。

それだけではない。失敗と思えたことも、意味があると肯定されることによって、その人自身が肯定されたと感じることにつながる。それによって、その人が心に抱えている自己否定をやわらげていけるのである。

このプロセスは、完璧な達成を行ったときだけ子どもを賞賛するのとは、まったく逆のことを行うということである。完璧でない達成、失敗にも価値があるという見方をすることによって、完璧でなければ自分には価値がないという思い込みから、その人を解き放っていくのである。

つまり、自己肯定感に溢れた、極めて安定した人格の持ち主を育てようとするのならば、何かがみごとにできたときに褒めるというよりも、うまくできなかったときによい点を見つけて、そこを評価するという態度が重要だということになる。

そうした育て方をされた子どもは、自分が失敗することを恐れないし、失敗を失敗とは思わず、失敗から学ぼうとするだろう。失敗することによって、自分が無価値になったとは思わず、失敗も意味のあることとして受け止め、それを生かす方法を考えるだろう。こうした考え方を身につけて育つことが、どれほど生きていくのに有利なのかは言うまでもない。

逆に言えば、二分法的な思考にとらわれ、完璧主義にこだわる人は、優れた達成をしたときしか、評価されなかった人である。優れていなければ価値がないという親の価値観に縛られて、育っていることが多い。つまり、それは本当の意味で、その子の価値を肯定され、愛されたというよりも、優れているという条件つきで、愛情や承認が与えられたということなのである。むしろ、そうしたケースの多くでは、親の要求水準に達しない、期待外れの子として、否定されてきたという状況をみることができる。親から無条件の肯定という形で、承認を与えられてはこなかったのである。リネハンは、二分法的思考の起源を、端的に親からの不認証（ありのままに認められなかったこと）によるとしている。

幸福な人生のために

完璧主義や全か無かの二分法的思考は、人を不幸にしてしまう。どんなに才能に恵まれていても、どんなに傍目には羨ましい境遇にいても、完璧主義や二分法的思考にとらわれると、その人は否定的な考えに陥りやすくなり、不幸になってしまう。不幸な生き方に陥らないためには、二分法的な思考に毒されないことが、極めて重要なのである。

　完璧な自分が最善なのではない。完璧な存在を求めることは、将来の破綻を用意することになりかねないのである。完璧なものよりも、不完全な存在こそが安定したものであり、それを受け入れ、さらけ出せることが、人から受け入れられ、愛されることにもつながるのだ。

　うまくいかないことや、思い通りにならないことがあっても、それはそれで人生の醍醐味だと受け止める。うまくいかないことにも何か意味があるはずだと、そこから何か宝物を見つけ出す心がけが、その人を幸福にしていくことだろう。苦労や失敗もまた楽しめばよいのである。

　もちろんうまくいっているときは、幸せを満喫すればよいが、うまくいかない局面では、またそれなりの味わいがあるものだ。後から考えれば、うまくいかないことばかりで苦しんでいたときが、一番必死に生きていたときだという感慨を覚えるものである。成功するときの輝きもよいが、苦悩し、悶々と過ごす日々は、もっと深い人生の味わいを教えてくれる。何とも言えない切なさや悲しみ、悔い、無念さ。そうしたネガティブな感情こそ、人生を人生たらしめているものなのである。

　そんなものがあればの話だが、幸福なだけの人生など、甘いケーキばかり食べさせられるようなもので、辟易《へきえき》してしまうだけである。幸か不幸か、誰の人生も、よいことと悪いことが、ほどよく織り交ぜられているものだ。

その人がどれだけ幸福かは、よいことが人より多く起きることではなく、悪いことにも、どれだけよい点を見つけられるかなのである。

おわりに——異常心理の根底にあるもの

数々の異常心理を、その七変化する姿とともにみてきた。表面的な様相は異なれども、通底する本質を感じられたのではないだろうか。異常心理が教える真実は、逆の見方をすれば、人が生きるための基本的な欲求を表しているといえるかもしれない。

それが損なわれるとき、人は異常心理の世界に呑み込まれ、不可解な考えや行動にとらわれてしまうのである。

では、多くの異常心理から汲みとれる人間の根源的な欲求とは何だろうか。

それは端的に、自己を保存しようとする欲求と、他者から承認や愛情を求める欲求だといえるだろう。それが損なわれるとき、病的な自己目的化や自己絶対視に陥って、出口のない自己追求に入り込むか、両価性や解離という形で自己分裂を起こすしか、自己を保つ術《すべ》がなくなってしまうのだ。

二つの基本的欲求が日々の生活の中で満たされていれば、異常心理に陥ることもないが、誰であれ、そんな恵まれたときばかりではない。

問題は、それがうまく満たされない状況で、どうするかである。

一つ重要なのは、自己目的化や自己絶対視といった閉鎖回路に陥らないように用心することである。そのためには、ときどき自分を振り返り、狭い価値観や一つの視点にとらわれ過ぎないことだ。とらわれとは思い込みに過ぎない。それなしでは生きていけないように思っていることも、決してそんなことはなく、逆に自分の可能性を小さく縛っているのである。

もう一つ鍵を握るのは、他者との相互的なかかわりである。一時的に閉鎖回路に陥ったとしても、他者を介することで、そこから脱することもできる。何でも相談できる、安全基地となる存在が身近に一人いるだけでも、追い詰められるリスクは半分以下になる。その意味でも、普段から身近な存在を大切にするかかわりが大事だといえるだろう。

二十一世紀が始まっても、さらなるグローバル化と格差の拡大の中で、ひたすら利益と快適さを追求し、弱肉強食の無慈悲な競争が繰り広げられてきた。否が応でも誰もがそこに巻き込まれ、他者の痛みから目をそむけて、自己目的化と自己絶対視の砦に逃げていたように思われる。

そんな中、二〇一一年三月十一日に東日本を襲った巨大地震と大津波は、多くの犠牲者を生み、歴史に刻まれる大惨事となった。これまで脈々と受け継がれてきた命、長い時間をかけて築き上げてきた家や街を一瞬にして跡形もなく奪い去る力に、われわれは自然の恐ろしさと人間の無力さを思い知った。

さらに加わった原発事故の不気味さ、計り知れない被害の甚大さは、ある意味、快適さを貪るわれわれ人間の欲の極みにある、深い淵を見せつけている。

だが、この絶望的な状況下にあっても、われわれは救いも同時に教えられている。すべてを奪われる惨事を前にしても、被災地の人々が、冷静に、思いやりや秩序を保って行動したことは、海外からも驚きと賞賛をもって迎えられた。それは、東北地方の人々が忍耐強いというだけでなく、人との絆を大切に育んでいたことによるだろう。

また、日本中が痛みを自分のこととして共有し、励ましと支援の輪を広げている。われわれ日本には、そうした世界に誇れる美徳を育てた風土と絆があることを、失う痛みとともに気づかされた。

強い危機意識の中から、社会の在り方やライフスタイルを見つめ直す動きも活発化し、人と人との絆やコミュニティの重要性が改めて見直されている。

今われわれは、いかに生きるか、いかに人とつながるかを、改めて問われているように思える。誰もが心の拠り所を失わないような、新たな社会の仕組みとバランスのよい生き方が求められている。

混乱した時代を生き抜いていくために、われわれにまずできることは、身近な存在とのかかわりを大切にするとともに、ささやかなことにも幸せを感じられる感性や心の豊かさを取り戻すことではないだろうか。

国難の年も今や暮れようとしている。巻を閉じるにあたって、東日本大震災で犠牲となった方々のご冥福をお祈りするとともに、被災地のみならず、わが国全体が、真の豊かさに向かって進んでいくことを切に願うばかりである。

二〇一一年十二月　　岡田尊司

主な参考文献

『異常者たち』ミシェル・フーコー著、慎改康之訳、二〇〇二、筑摩書房／『異常心理の発見』クリフォード・アレン、小林司訳・二〇〇六・ちくま学芸文庫／『無意識の発見　力動精神医学発達史 上・下』アンリ・エレンベルガー、木村敏・中井久夫監訳・一九八〇・弘文堂／『自我論　フロイド選集　第四巻』井村恒郎訳・一九七〇・日本教文社／『自己の分析』ハインツ・コフート、水野信義、笠原嘉監訳・一九九四・みすず書房／『自己の修復』ハインツ・コフート、本城秀次・笠原嘉監訳、一九九五・みすず書房／『自己の治癒』ハインツ・コフート、本城秀次・笠原嘉監訳・一九九五・みすず書房／『境界性パーソナリティ障害の弁証法的行動療法』マーシャ・M・リネハン、大野裕監訳・二〇〇七・誠信書房／『人格障害の時代』岡田尊司・二〇〇四・平凡社新書／『愛着障害　子ども時代を引きずる人々』岡田尊司・二〇一一・光文社新書／『ユング伝』ゲルハルト・ヴェーア、村本詔司訳・一九九四・創元社／『ユング自伝　―思い出・夢・思想―I・II』ヤッフェ編、河合隼雄・藤縄昭・出井淑子訳・一九七二・みすず書房／『回想のドストエフスキー　1・2』アンナ・ドストエフスカヤ、松下裕訳・一九九九・みすず書房／『ペルソナ　三島由紀夫伝』猪瀬直樹・一九九五・文藝春秋／『並はずれた生涯　アーネスト・ヘミングウェイ』デービッド・サンディソン、三谷眸訳／二〇〇〇・産調出版／『エロチシズム』ジョルジュ・バタイユ、室淳介訳・一九六八・ダヴィッド社／『G・バタイユ伝　上・下』ミシェル・シュリア、西谷修・中沢信一・川竹英克訳、一九九一・　河出書房新社／『悪徳の栄え』マルキ・ド・サド、澁澤龍彦訳・一九六九・角川文庫／『サド侯爵の生涯』澁澤龍彦・一九八三・中公文庫／『オスカー・ワイルドの生涯　愛と美の殉教者』山田勝・一九九九・日本放送出版協会／『オスカー・ワイルド　長くて、美しい自殺』メリッサ・ノックス、玉井アキラ訳・二〇〇一・青土社／『泥の河』宮本輝・一九八〇・角川文庫／『尾崎豊の「遺書」』加賀孝英・二〇一一、十二月・「文藝春秋」／『世界醜聞劇場』コリン・ウィルソン・ドナルド・シーマン、関口篤訳・一九九三・青土社／『ニーチェ伝　ツァラトゥストラの秘密』ヨアヒム・ケーラー、五郎丸仁美訳・二〇〇八・青土社／『ニーチェの光と影　故郷喪失者の自由と孤独』ハインツ・F・ペーテルス、河端春雄訳・一九九〇・啓文社／『ネロ』P・ファンデンベルク、平井吉夫訳・一九九〇・河出書房新社／『「もう一人の私」があらわれるとき』福西勇夫・一九九九・彩流社／『東電ＯＬ殺人事件』佐野眞一・二〇〇〇・新潮社／『妄想に取り憑かれる人々』リー・ベア、渡辺由佳里訳・二〇〇四・日経ＢＰ社

"Abnormal Psychology",Martin E. P. Seligman, Elaine F. Walker, David L. Rosenhan,W.W. Norton & Company, 2001

"Abnormal Psychology", Susan Nolen-Hoeksema, McGraw-Hill, 2008

"Reduced medial prefrontal cortex volume in adults reporting childhood emotional maltreatment.Biol",van Harmelen, A.L., van Tol, M.J., van der Wee, N.J., Veltman, D.J., Aleman, A., Spinhoven, P., van Buchem, M.A., Zitman, F.G., Penninx, B.W., Elzinga, B.M.,Psychiatry. 2010 Nov 1;68(9):832-8.

"Emotion, cognition, and mental state representation in amygdala and prefrontal cortex.",Salzman, C.D. & Fusi, S., Annu. Rev. Neurosci. 2010;33:173-202.

"Adolescents' depressive symptoms moderate neural responses to their mothers' positive behavior." Whittle, S., Yücel, M., Forbes, E.E., Davey, C.G., Harding, I.H., Sheeber, L., Yap, M.B., Allen, N.B., Soc. Cogn. Affect. Neurosci. 2011 Sep 14.

著者略歴

岡田尊司《おかだ・たかし》

一九六〇年、香川県生まれ。精神科医。医学博士。作家。東京大学哲学科中退。

京都大学医学部卒。同大学院高次脳科学講座神経生物学教室、
脳病態生理学講座精神医学教室にて研究に従事。

現在、京都医療少年院勤務。山形大学客員教授。

臨床医として現代人の心の危機に向かい合う。

著書に『境界性パーソナリティ障害』『アスペルガー症候群』『うつと気分障害』

『人はなぜ眠れないのか』（以上幻冬舎新書）、

『この世の中を動かす暗黙のルール』（幻冬舎）、

『パーソナリティ障害』『統合失調症』（ともにＰＨＰ新書）、

『愛着障害　子ども時代を引きずる人々』（光文社新書）など多数。

小説家・小笠原慧としても活動し、作品に、横溝賞を受賞した『ＤＺ』（角川文庫）、

『風の音が聞こえませんか』（角川文庫）、『タロットの迷宮』（文藝春秋）などがある。

幻冬舎新書 244

あなたの中の異常心理

二〇一二年一月三十日 第一刷発行
二〇二三年八月二十五日 第十一刷発行

著者 岡田尊司
発行人 見城 徹
編集人 志儀保博
発行所 株式会社 幻冬舎
〒一五一-〇〇五一 東京都渋谷区千駄ヶ谷四-九-七
電話 〇三-五四一一-六二一一(編集)
〇三-五四一一-六二二二(営業)
公式HP https://www.gentosha.co.jp/
ブックデザイン 鈴木成一デザイン室
印刷・製本所 中央精版印刷株式会社

Printed in Japan ISBN978-4-344-98245-1 C0295
お-6-5

*この本に関するご意見・ご感想は、左記アンケートフォームからお寄せください。
https://www.gentosha.co.jp/e/

幻冬舎新書

岡田尊司
人はなぜ眠れないのか

不眠で悩む人は多いが、どうすればぐっすり眠れるのか。睡眠学や不眠症臨床の最新知見から、不眠症を克服する具体的方法や実体験に基づく極意まで、豊富なエピソードを交えて伝授。

岡田尊司
うつと気分障害

うつと思われていた人の約半分が、実は躁うつだとわかってきた。本書ではうつと気分障害についての基礎知識から、最先端の研究成果、実際に役立つ予防や治療・克服法までわかりやすく解説。

岡田尊司
アスペルガー症候群

他人の気持ちや常識を理解しにくいため、突然失礼なことを言って相手を面食らわせることが多いアスペルガー症候群。家庭や学校、職場でどう接したらいいのか。改善法などすべてを網羅した一冊。

岡田尊司
境界性パーソナリティ障害

普段はしっかりしている人が、不可解な言動を繰り返す、境界性パーソナリティ障害。ある「きっかけ」で、突然そういう「状態」になるのはなぜか。理解しがたい精神の病を、わかりやすく解説。

幻冬舎新書

文豪はみんな、うつ
岩波明

明治から昭和初期に傑作を残した、偉大な10人の文豪。彼らのうち、7人が重症の精神疾患、4人が自殺。私生活にも言及し、過去の定説を覆した、精神科医によるスキャンダラスな作家論。

折れそうな心の鍛え方
日垣隆

落ち込み度の自己診断法から、すぐ効くガス抜き法、日々の生活でできる心の筋トレ法まで。持ち前のアイディアとユーモア精神でウツを克服した著者が教える、しなやかな心を育てる50のノウハウ。

脳に悪い7つの習慣
林成之

脳は気持ちや生活習慣でその働きがよくも悪くもなる。この事実を知らないばかりに脳力を後退させるのはもったいない。悪い習慣をやめ、頭の働きをよくする方法を、脳のしくみからわかりやすく解説。

うつ病の脳科学
精神科医療の未来を切り拓く
加藤忠史

現在のうつ診療は、病因が解明されていないため、処方薬も治療法も手探りにならざるを得ない。が、最新の脳科学で、脳の病変や遺伝子がうつに関係することがわかった。うつ診療の未来を示す。